2017
增訂版

京都
腳踏車
旅行

目次

推薦理由

享受吧！
一個人的京都腳踏車旅行

1. 堀川邊
2. 京都歸來不看楓

腳踏車遊京都

　　二十一世紀環保意識抬頭，省錢省油的同時又能強健體魄，『騎腳踏車』成為了一股流行，在世界各地蔚為風潮。然而京都與腳踏車的緣份可不是最近才開始，打從明治元年也就是 1868 年腳踏車被引進日本之後，京都人對於這個能依自己步調、有效率地穿梭在大街小巷的交通工具就一見鍾情，對腳踏車的愛更是與日俱增，從未減少，直至現在京都人對腳踏車的高度依賴仍始終如一。

　　腳踏車不只是京都市民們生活中不可缺少的一部分，對於來自各地的觀光客而言也是最佳的移動工具。千年的京都、優雅的京都、世界遺產的京都，而『最滿足的京都』始於足下，但走路太耗體力，除了大多數人選擇的搭乘公車遊京都外，另一個最被推薦的暢遊京都方法，就是來一趟京都腳踏車之旅。

3. 腳踏車是京都不可少的一景
4. 大德寺門前

『公車一日券才¥500，省錢又不累人，為什麼要騎腳踏車？』，的確，腳踏車的租金大體而言比公車一日券貴得多，但要發現從來不知道的京都、找尋只屬於自己的京都，沒有比腳踏車更適合的交通工具了！不用再為公車路線傷透腦筋，即使是偏離公車路線的景點也能有效率地抵達，腳踏車遊京都，絕對得體驗一下！

抓住京都之美

『黃山歸來不看嶽』──看過黃山的奇峰之後從此便對其他山嶽失去了興趣，而京都則是能讓人不禁生出『京都歸來不看櫻』、『京都歸來不看楓』的感嘆，也因此，在春秋旺季熱門景點沿線的公車可說是班班客滿，好不容易上了車卻又塞在路上，惹人心煩意亂，焦急得不得了，要知道，美好春光稍縱即逝啊！

別說在櫻花、紅葉的季節裡那恐怖的塞車讓京都本來縱橫交錯的公車系統移動效率大打折扣，即使是平時，與其花時間找公車站、等公車、緊盯站牌隨時準備下車，還不如自由自在地騎著腳踏車，一邊感受京都濃濃的古都氣氛，一邊朝目的地前進，完全依照自己的步調，在任何喜歡的地方停下。

每一停格都宛如電影畫面般的京都風景，每一眼都彷彿是時光停駐的瞬間，讓人怎麼捨得錯過呢？不受束縛，迎風遨遊，在京都騎腳踏車不只是圖便利而已，京都太美，不以自己的步調去探索，實在太可惜了。

奢侈的幸福

『帶著地圖踏上旅程，是幸福；在迷途中發現精彩，是奢侈的幸福』，這句廣告詞彷彿是為京都打造，在這座美麗城市即使小小迷了路也不必害怕，東鑽西繞，忽而發現轉角有座迷人的庭園，或是帶有傳說的舊跡，還是那探出牆垣的老松、綻放的櫻花，無處不引人入勝，何況京都棋盤格狀的道路配置，馬上就能讓人脫離『假性迷路』的窘境，要真正迷路並不容易。

騎上腳踏車，在巷弄之間迂迴前進，或快或慢地穿梭在大街小巷之間，想停便停、說走就走，自由安排路線與停留時間，尋找小小的幸福，享受大大的奢侈，拂面而來的不只有涼風而已，還有這座城市的優雅與浪漫。

不習慣騎腳踏車、擔心體力的話，可以用『一天公車、一天腳踏車』交替的方式來安排行程，或是先來個半天的腳踏車行程體驗一下，至於交通安全方面，只要遵守基本的規則，原則上不會有大問題。大馬路旁的人行道都十分寬敞，且劃有專供腳踏車行進的區域，至於那些小巷小路，汽車在這類巷路行進的速度都不快，不會對腳踏車造成太大威脅，只要盡量靠邊騎就 OK 了。當然，即使是腳踏車，也絕對要尊重步行者的權利，不能對他們造成妨害。

窺見歷史的秘密

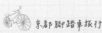

發現真正的京都

　　年輕媽媽騎著腳踏車載送小孩，主婦騎著腳踏車採買食材，學生騎著腳踏車通學，上班族騎著腳踏車去上班，在京都，連腳踏車都能成為風景，所以，何不騎上腳踏車呢？除了能享受自在遊歷的樂趣，也體驗京都人的日常，讓自己融為京都風景的一部分！

　　第一次到京都，或許是坐著遊覽車，走觀光團的京都，第二次、第三次或許是搭公車，玩旅行書的京都，這一次，何不騎上腳踏車用踏板踩出屬於自己的京都呢？不用為換車、轉車傷腦筋，或是為旺季的塞車心浮氣躁，依自己的興趣、時間、體力來規劃路線、安排行程，可以逢廟必進，也大可以過門而不入，做一個京都的門外漢。

　　所以，何不騎上腳踏車呢？隨時隨地感受京都的天空、風，聽見川流的聲音，呼吸千年的氣息，隨興地轉入京都的小路、巷弄，挖掘迷人的古都風情，遇見這座城市既古且新的魅力，感覺真正的京都。

　　享受吧！專屬於你的京都腳踏車旅行。

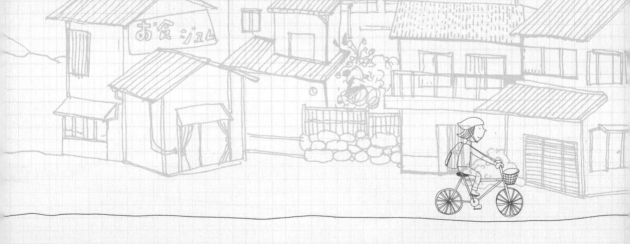

規劃路線

完全依自己的意思前進，
四處探險，發覺京都的魅力，
正是用腳踏車遊京都的最大優點所在，
不過為了掌握時間，做好體力的調配，
行前的路線規劃絕對不可少。

盆地地形

　　在規劃京都的腳踏車旅行路線之前，先要了解京都的地形。

　　京都是個盆地，北、東、西三面都是山，東北有靈山比叡，西南有火神鎮座的愛宕山，還有由北向南流的鴨川、桂川兩川。若是要確認自己的所在方位，用不著指南針，放眼望去，看不到山峰連綿的那方就是『南邊』了！

　　至於京都南低北高的地勢，舉個顯著的例子：假設視線毫無阻礙，從上京區的丸太町通剛好可以平平地望見標高 55 公尺的東寺五重塔塔尖！這樣的傾斜度，騎起腳踏車時特別『有感覺』，所以往北移動時，難免會感到有些吃力，南下時則甚至可能不需要踩踏板就可以持續往下滑行。

　　因為如此，在進行長時間腳踏車移動的狀況下，建議先從較辛苦的『北上』開始，之後則會像倒吃甘蔗一樣，越來越順暢。

南北移動

　　不過，雖說是南低北高，但因為京都地形有如一個大盆子，越是接近中心部分，坡度便越顯和緩，例如從京都中央的烏丸通往北騎，就比利用西邊的西大路通、東邊的白川通要來得輕鬆。

　　京都最適合『北攻』的路段，公推是堀川通與鴨川河岸。鴨川河岸被推薦的原因在於寬敞，而且沒有紅綠燈、不用顧慮汽車，沿著川岸心情自然也大好，南下北上都很適合。堀川通寬敞平坦，多數路段還有腳踏車專用道。烏丸通的坡度相對平緩，但汽車流量偏大，人行道也較狹窄。千本通、西大路通，因為較陡，從這裡北上，對腳力是個挑戰。

　　在京都東西移動比南北移動容易得多，一般而言，東邊要過了東大路通，西邊則是要過嵯峨野之後，才會開始感覺得到明顯且持續的爬坡感。所以一開始，若是擔心體力不足，可以試著先安排以東西向移動為主的路線。

主要道路

　　除了主要道路外，在京都進行腳踏車旅行，當然要享受在小巷細路中迂迴前進，甚至是考古探險的樂趣。以古代中國洛陽城為範本，道路呈棋盤格狀的京都並不會太為難旅人，只要掌握所在的大概位置，要在京都迷路並不容易。

　　重點是要抓對方向，並熟記幾條直向與橫向大路的名字。

東西橫路：

　　由北到南依序是一条通、二条通、三条通……八条通、九条通，相當易記，此外，對於『北山通』、『北大路通』、『今出川通』、『丸太町通』的所在位置也能有個概念就更好不過了。

南北直路：

　　從東邊開始是八坂神社門前的『東大路通』、鴨川東側的『川端通』，然後是西岸的『河原町通』，直通京都車站的是『烏丸通』，然後續往西，依序是『堀川通』、『千本通』、『西大路通』，這些都是京都的主要大道。

可到京都車站內的『京都總合觀光案內所』搜集觀光資料

京都的十字路口擁有獨特的稱呼法

　　京都另外一個特色是，縱路、橫路的交叉處，也就是十字路口的位置，通常是結合兩條馬路的路名來稱呼，如千本通與丸太町通的交會處是『千本丸太町』，三条通與河原町通的交會處是『三条河原町』，四条通與烏丸通的交會處是『四条烏丸』，依此類推。京都的公車站名、電車站名大都以此為名。京都的地名、町名、甚至路名，幾乎都有其背景、歷史故事在裡頭，一邊對照名稱，一邊配合周遭風景想像其由來意義，也是一種樂趣。

　　在京都騎腳踏車，一般的觀光地圖已經堪用，不過也有人喜歡帶一本詳細的京都都市街道圖一起上路。如果喜歡挑戰別人沒去過的地方，不妨帶本實用的地圖本上路，在必要的時候絕對能派上用場！出發之前，先在書局挑一本合意的地圖吧！

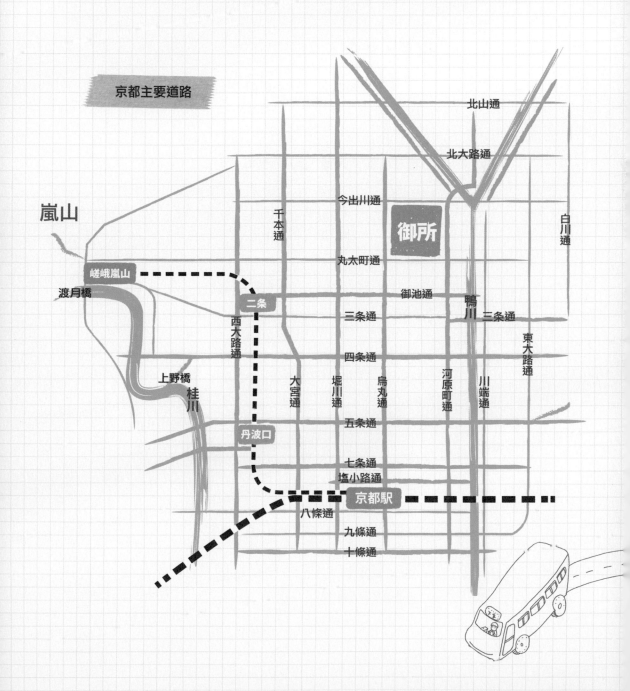

京都主要道路

嵐山

北山通
北大路通
今出川通
千本通
御所
白川通
丸太町通
嵯峨嵐山
渡月橋
二条
御池通
鴨川
三条通
三条通
西大路通
四条通
東大路通
上野橋
桂川
大宮通
堀川通
烏丸通
河原町通
川端通
丹波口
五条通
七条通
塩小路通
京都駅
八條通
九條通
十條通

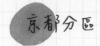

京都分區

在京都的地址當中，『市』之下緊跟的是『XX 區』，如『京都市上京區』、『京都市北區』。京都的行政地區劃分，也是判斷自己所在位置、目的地位置很方便的依據之一。

京都由以下 11 個『區』所構成：

右京區	上京區	北　區	左京區
下京區	中京區	西京區	東山區
伏見區	南　區	山科區	

其中最容易弄混的是『右京區』與『左京區』，拿起地圖來看，『左京區』是在右手邊，也就是京都的東邊，『右京區』則是在左手、京都的西邊。因為在京都，『上下左右』都是相對於『京都御所』的所在位置而言。

不過，這些地域區分常見於旅遊地圖、旅遊導覽中，並沒有絕對的劃定，也不是正式的行政分區，除此之外，京都歷史悠久，有許多特別的地名通稱，像是『西陣』、『嵐山』等等都是，若能對這些地域區分有所概念，對於在京都旅遊、生活大有幫助。

『區』之外，京都還有以下這樣的區分：

洛中：包含上京區、中京區、下京區

洛東：左京區、山科區

洛西：右京區、西京區，包含嵐山、乙訓

洛南：JR 京都線以南的區域

洛北：北區

洛外：洛中外緣地帶

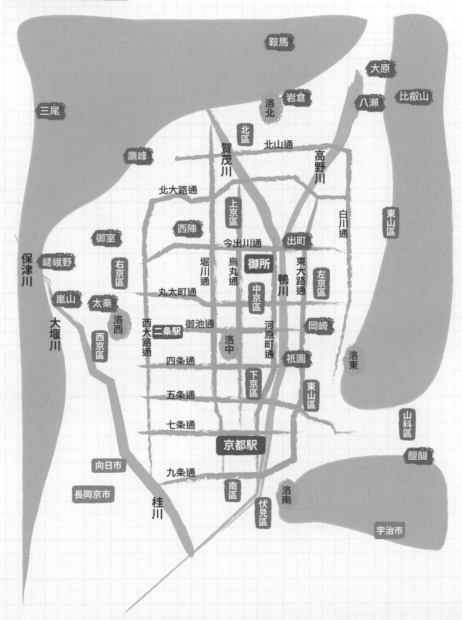

京都分區圖

鞍馬

大原

比叡山

三尾

八瀬

洛北

岩倉

高野川

北區

北山通

賀茂川

鷹峰

北大路通

上京區

今出川通

出町

白川通

東山區

御室

西陣

堀川通

烏丸通

御所

東大路通

左京區

嵯峨野

右京區

中京區

鴨川

保津川

丸太町通

岡崎

嵐山

太秦

御池通

河原町通

大堰川

洛西

二条駅

洛中

祇園

洛東

西京區

西大路通

四条通

下京區

東山區

五条通

七条通

京都駅

山科區

向日市

醍醐

長岡京市

九条通

南區

洛南

桂川

伏見區

宇治市

路線規劃

對於京都的地形、京都各點的位置有了概念之後，就可以來規劃路線了。

第一步是決定起點與終點，再來是途中的停留點，整體而言，京都市內不論是由東到西或由北到南，大致上都是在十來公里左右，距離不長，但如果來來回回奔波卻也是頗累人的，最好先決定一個大概的範圍，把有興趣的景點畫出來，然後連結成線，順路一一訪遊。

一開始就看好地圖，選好目標，決定行進方向之外，時間的掌握也很重要，景點的取捨、參訪的時間，最好都先計算過，抓個大概出來，免得天都黑了，行程只走了預定的一半，甚至還趕不上還車的時間可就糟糕了。

另外，騎腳踏車遊京都盡可能選擇天氣好的日子，陰雨天道路濕滑，視線不佳，危險度大增，不建議不熟悉路況的人挑戰。

使用電動腳踏車的人，由於電動腳踏車的電池電力有限，事前的路程規劃更不可免，預先算好需要使用電動輔助的距離與時間，不只去程，回程的電力也要考量在內。

當然，騎腳踏車最大的好處是可以隨興而遊！按照自己的意思選擇喜歡、適合的路線，在過程中千萬不要逞強，騎累了或是覺得路況不合適時，隨時可以改成牽車前進或改道而行，『自由自在』正是京都腳踏車旅行專享的權利，不是嗎？

交通規則

開始之前～必知！
京都腳踏車交通規則

注意交通安全，是所有用路人共同的常識，只要在道路上通行，無論是車子還是行人，或是腳踏車都必須遵守交通規則。以下是必須知道的規則與注意事項。

左側通行

　　腳踏車算是車輛的一種，根據日本法規，原則上必須行走在馬路的左側，不過在一些例外的情況下，腳踏車也可以騎在人行道上。

　　人行道基本上會標示出是否只容許行人使用或是人、腳踏車皆可通行，也就是說，在標示有『步道自転車通行可』標誌的人行道，腳踏車在上頭通行是沒有問題的，不過還是必須以不妨礙行人為前提。

　　由於京都道路狹窄，『必須騎在馬路左邊』這一點實際上要完全遵行有其困難，無論如何，仍須以維護行人的權利與安全為第一優先。

商店街禁行

　　像商店街這類地方，由於人潮眾多，道路又多半狹窄，通常都禁止騎乘腳踏車進入（可能是全天或是特定時段裡禁止腳踏車進入），在這裡必須改牽腳踏車步行通過。

禁止事項

闖越紅燈、逆向前進等常識性的犯規當然不行，酒後騎車也是 NG。其他如：禁止在騎車時撐傘、禁止在騎車時講手機。戴耳機聽音樂這類行為，在京都也是受到禁止的，這一點要特別注意。

雙載、兩輛腳踏車以上並行前進亦是屬於違規行為。

注意要點

天黑之後，為了自身安全著想，一定要打開腳踏車燈，不然的話可是會被警察攔下開單喔。另外，守禮的騎士不會隨便鳴鈴的，只有在逼不得已需要前方讓出通行空間時，以『すみません』（su·mi·ma·sen）出聲告知，車鈴只在緊急時刻才使用。

在市中心、車站周圍或者是鬧區商店街，通常會有『駐輪禁止』的告示，禁止腳踏車在該區域停車。雖然無視告示，亂停的腳踏車不算少，但若不幸遭到拖吊，不僅須前往可能地處僻遠的拖吊場領車，還會要繳交大約￥2,300 的保管費。

馬路有如棋盤格般縱橫交錯的京都，十字路口眾多，許多細小的巷弄裡頭多半沒有設置交通號誌，穿越路口或轉彎時必須特別注意小心，要減緩速度，必要時停下腳踏車仔細確認左右來車後再通過。大型路口都有腳踏車專用的斑馬線。

陶醉於京都迷人風景的同時，千萬要注意人車，但不要以為只有會動的東西可怕，馬路上那些不會閃的電線桿跟招牌等障礙物，令人意外的是，腳踏車騎士們撞上它們的機率竟然還不低！

騎車時，把自己視為車輛的同族，牽車時，則被歸類為行人，這點需要時時記在心中。

以下再次列出在京都騎腳踏車時，必須遵守的規則與注意事項。

(1) 遵守交通號誌與交通標誌。
如『紅燈停綠燈行』等基本的交通規則，絕對要遵守。

(2) 騎在馬路的左邊。

(3) 『步道自転車通行可』標誌，表示是腳踏車騎在上頭也 OK 的人行道。
仍需以行人權益為最優先，緩速前進！

(4) 穿越馬路時，必須騎在腳踏車專用道上，不可騎上行人斑馬線。在只有行人專用斑馬線的情況下，則要牽車通過。
也有腳踏車專用斑馬線。

(5) 無交通號誌的路口眾多，通過時須特別注意，謹慎為上。過馬路時一定要停看聽，注意左右。遇到有『止まれ』停止標誌的路口，須依標誌停車，確認安全後再通過。
等於台灣的『停車再開』標誌。

(6) 晚間須打開車燈。
(7) 不胡亂鳴鈴。
(8) 禁止酒後騎車。
(9) 禁止一邊騎車，一邊講手機、撐傘、聽耳機。
(10) 禁止雙載！禁止並行！
例外：年滿 16 歲以上者可載乘 6 歲以下的幼兒（必須使用幼童座椅）
例外：在有『並行可』標誌的路段可以並排前進

(11) 不可在禁止騎車的區域騎腳踏車（如：商店街、四条河原町
周邊以及神社寺廟境內）。

在禁止腳踏車騎入的區域必須下來牽車前進或繞外圍通行。

熱鬧的四条通
禁止騎腳踏車進入

四条河原町的腳踏車禁行區域圖（紅色區域）：

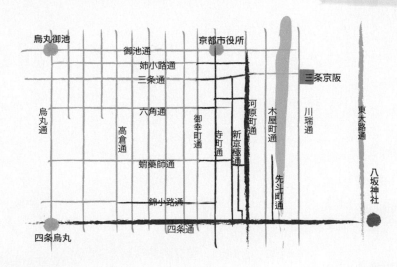

烏丸御池　京都市役所　三条京阪
御池通
姉小路通
三条通
烏丸通　六角通　河原町通　木屋町通　川瑞通　東大路通
高倉通　御幸町通　寺町通　新京極通　先斗町通　八坂神社
蛸藥師通
錦小路通
四条烏丸　四条通

(12) 不亂停腳踏車！不在標示有『駐輪禁止』（禁止停腳踏車）
的地方停放腳踏車！

最後，請務必隨時注意路況，
小心行車，讓京都的腳踏車旅行不帶遺憾，只留下美好的回憶。

常見交通標誌：

『自転車専用』
腳踏車專用道

『歩行者専用』
行人專用道

『自転車及歩行者専用』
行人、腳踏車專用道

『自動車専用』
汽車專用道

『並行可』
腳踏車可並行前進

『自転車横断帯』
腳踏車專用斑馬線

『徐行』
慢行

『一方通行』
單行道

『一時停止』
暫停

『學校、幼稚園、保育所あり』
前方有學校、幼稚園、托兒所

『自転車通行止』
腳踏車禁止通行

『踏切あり』『踏切注意』
前方有平交道

『横断歩道、自転車横断帯』
行人、腳踏車專用斑馬線

『車兩進入禁止』
車輛禁止進入

『自転車を除く』：腳踏車除外
『日曜.休日を除く』：例假日除外
『8－20』：早上8點到晚上8點
『この先100m』：前方100公尺
前方100公尺平日早上8點到晚上8點
禁止腳踏車以外的車輛通行

『規制預告』
有特定時段、特定交通工具的告示

『車兩通行止』
車輛禁止通行

『自転車以外的輕車輛通行止』
腳踏車以外的車輛禁止通行

『通行止』
禁止通行

『自転車を除く』
腳踏車除外

日曜·休日を除く　例假日除外
8－20　早上8點到晚上8點

限制時段、非限制時段

※其他常見日文警示標誌：
自転車の通り抜け禁止 禁止騎腳踏車通過
自転車を押してください 請牽車通過

この橋の上の歩道は自転車を押して下さい。

北警察署
北部土木事務所

咲花川

「請牽車通過」的標誌

哪裡租／借
腳踏車？

腳踏車出租店

腳踏車出租店的選擇

在京都的任何一區都有腳踏車出租店，因此要找到能配合自己行程最近的腳踏車出租店並不是件困難的事。有些腳踏車出租店提供『不同點還車』服務，起點可以不等於終點，在行程安排上可以更靈活，另外還可選擇有『配送、回收』服務的腳踏車出租店，只要事先預約，腳踏車出租店就會將腳踏車送到客人指定的地點如旅館，安排行程時，便可以不用為了配合腳踏車出租店的所在位置而苦惱，甚至還能夠讓店家自己來收回腳踏車，不用千里迢迢地將腳踏車騎回店裡。

事前預約

一般而言，借還車時間都必須在營業時間內，不過有些店可以延長時間，細節可以再向店家詢問、商量。有延長時間或者是有其他要求，都必須在預約時或是領車當下就跟店家確認好，它們基本上不接受臨時變更。

有些店只接受預約，有些店預約、現場借車都接受，但在以腳踏車遊覽京都蔚為風潮的現在，如果有租借腳踏車的打算，最好在前幾天就先預約好，否則到了腳踏車出租店才發現車子都被一借而空，可是很掃興的。

當然，行程變更時，務必要跟店家聯絡取消預約！千萬不要壞了台灣觀光客的名聲。

關於車種

每家店的狀況不一，有的車種豐富，有的只單純提供標準的腳踏車或電動腳踏車。擁有複數車種的大型腳踏車出租店，通常會備有淑女車、變速車、登山車，或是摺疊車等，也提供小朋友騎的小車。京都市內的地形，淑女車就能夠應付，不過如果安排的路程較長、上坡又多，建議以變速車為首選，另外也可以選擇電動腳踏車，用電池的力量幫忙前進，不過電池電力有限，使用電動腳踏車時，要先仔細確認距離、算好使用時間，盡量只在爬坡時利用。

準備現金與證件

前往租借腳踏車時，除了租金（幾乎都只收現金）之外，建議同時準備好身分證件與押金，各店的規則不同，可能會被要求提供。

取車確認

領到腳踏車後，先確認胎壓、車鈴、車燈是否都 OK 沒問題。車胎氣壓盡可能飽滿，可避免爆胎；車燈大都是在車輪轉動時才會點亮的機械式車燈。再來就是車鎖，大部份的車鎖屬於固定式，可能是鎖前輪或是鎖後輪，先試著開、鎖各一次，確定都沒有問題了之後，再跟老闆揮手 say goodbye。

標準租借步驟

Step.1　預約　事前先以網路、電話或直接到店預約，也可以當天到現場借車。

Step.2　取車　支付租金與押金（有些不需要押金）、填寫個人資料（可能會被要求提供附照片的證件以確定身分或被要求押證件）。
　　　　　　　取車的同時，詳細檢查腳踏車的狀況：
　　　　　　　・車胎　・煞車　・座椅高度　・車燈　・腳踏車鎖
　　　　　　　・電池是否有充飽（使用電動腳踏車的情況下）

Step.3　觀光　按照自己的計畫、規劃路線，享受愉快自在的京都腳踏車旅行。
　　　　　　　若途中不小心發生意外（如車禍、車子被拖吊、遭竊或故障等），可與腳踏車出租店聯絡。

Step.4　還車　在營業時間結束前還車。如果有押金，則在此時取回。
　　　　　　　依各店規定不同，在某些情況下可能會被要求追加費用（如超過還車時間、車子損壞等）。

主要觀光腳踏車出租店系統

KCTP
京都最具規模的腳踏車出租機構之一，在『京都車站』、『金閣寺』、『錦市場』、『伏見』擁有共四處的腳踏車出租據點，可在不同點還車車種豐富，配備齊全。
HP：www.kctp.net（有中文網頁）

MINAPORT
類似台北YouBike的自助式腳踏車租借系統，可在專用服務站自己取車和還車，現在還可透過手機APP指定地點配送或還車。
HP：www.minaport.jp

京のレンタサイクル～るぽるぽ
由停車場經營、併設在停車場內的腳踏車出租站，目前共有四個據點。
HP：www.kyotopublic.or.jp/rentacycle/

阪急レンタサイクル
由阪急集團旗下經營，主要以提供一般市民利用為主，費用最低廉，站點位置較偏避。
HP：www.hankyu.co.jp/station/service/-rental02.html

接下來，介紹京都各區域的腳踏車出租店。
以下均為『基本租金／一天（營業時間內）』，依車款不同，租金可能不同，詳細情況請再跟各店確認

北山通
C2. 北山駅自転車駐車場
レンタサイクル

北大路通

北大路通
F1. KCTP金閣寺

C1. えむじか出町柳駅前・ブラジル店

D3. 西陣千本商店街レンタサイクル

今出川通
D1. サイクルハウス大晃

御所

鴨川

白川通

F2. 宇多野青年旅館

千本通

D2. 京都ちりんちりん

丸太町通

西大路通

H1. トロッコおじさんのレンタサイクル

B5. 岡崎公園駐車場
レンタサイクル

H2. らんぶらレンタサイクル

E2. KTCP二条城

B2. レンタサイクル永原屋茂八

H3. レンタサイクル京都

御池通

E4. MARUYASU丸井商會

B1. 京の楽チャリ 東山

E7. ろうじ屋

E3. いのうえ屋（井上商會）

三条通

H4. 阪急嵐山レンタサイクル

E1. KTCP錦市場北

B3. レンタサイクル安本

G2. 阪急レンタサイクル西院

B6. 京都市鴨東駐車場レンタサイクル

四条通

E6. レンタサイクルえむじか四条河原町店

G1. サイクルどりーむ

E5. J-cycle

大宮通

堀川通

烏丸通

河原町通

川端通

東大路通

A7. 駅リンくん
JR丹波口駅前

五条通

B7. 五条サイクル

B4. 京都見聞録

A4. 京都みやび屋

A5. パッシオーネ

A3. 京の楽チャリ 京都車站七条店

七条通

A8. 京都ゆるチャリ倶楽部

A6. 風音

A1. KCTP京都車站

八条通

京都駅

A2. 京都ecoトリップ

A9. 京都駅八条口駐車場レンタサイクル

京都脚踏車旅行

A1. KCTP 京都車站

地　　址：京都市下京区油小路通塩小路
　　　　　下ル東油小路町 552-13
営業時間：9:00~19:00
公 休 日：無
租　　金：￥1,000（不同點還車：＋￥400）
HP：www.kctp.net
■ 變速車　□ 電動腳踏車　■ 小孩車
■ 幼童座椅　■ 不同點還車　□ 配收回收服務

A2. 京都 eco トリップ

地　　址：京都市南区東九条室町 56
営業時間：9:00~18:00
公 休 日：無
租　　金：￥800
配送到旅館：＋￥300
到旅館回收：＋￥300
回收&配送：＋￥500
HP：www.kyoto-option.com
■ 變速車　■ 小孩車　■ 配收回收服務　■ 電動腳踏車

A3. 京の楽チャリ 京都車站七条店

僅提供電動腳踏車。
地　　址：京都市下京区新日吉町 124-3-2 ルーム大森 1F
営業時間：9:00~18:00
公 休 日：不一定
租　　金：￥2,000（3 小時：￥1,000）
HP：www.rentacycle.jp
■ 電動腳踏車　■ 小孩車　□ 配收回收服務　■ 幼童座椅

A4. レンタサイクル京都みやび屋

地址：京都府京都市下京区上珠数屋町323番地
営業時間：8:30~19:00
公 休 日：不一定
租　　金：￥800
HP：k-miyabiya.jp/index.html

A5. パッシオーネ

提供高級的小口徑輪腳踏車。
地址：京都市下京区東中筋通七条上ル文覚町
営業時間：9:00~18:00
公 休 日：星期四
租　　金：￥3,150（半天￥2,100）（押金￥2,000）
HP：www.passione-kyoto.jp

A6. レンタサイクル風音

地　　址：京都市下京区御方紺屋町5番
営業時間：8:30~19:00　冬9:00~18:30
公 休 日：不一定
租　　金：￥1,000
HP：www.fuune.jp/

A7. 駅リンくん　JR丹波口駅前

地址：京都市下京区中堂寺北町2番地2　JR丹波口站前
営業時間：9:00~18:00
公 休 日：無
租　　金：￥500
HP：http://www.ekiren.com/EKIRIN/

A8. 京都ゆるチャリ倶楽部

地址：京都府京都市下京区川原町七条上ル材木町446増井ビル1F
営業時間：9:00~18:00
公 休 日：無
租　　金：￥700
HP：kyotoyuruchariclub.web.fc2.com/

A9. 京都駅八条口駐車場レンタサイクル
　（京のレンタサイクル〜るぼるぼ）都ゆるチャリ倶楽部

地址：京都市南区東九条西山王町31番地 アバンティ B2F
営業時間：9:00〜17:00（20:00前還車）
公 休 日：無
租　　金：￥1,000
HP：www.kyotopublic.or.jp/rentacycle/

B1. 京の楽チャリ 東山三条店

僅提供電動腳踏車。
地　　址：京都市左京区南門前町 538-3
営業時間：9:00~18:00
租　　金：￥2,000（三小時￥1000）
公 休 日：不一定
HP：www.rentacycle.jp
■ 電動腳踏車　■ 小孩車　□ 配收回收服務
■ 幼童座椅

B2. レンタサイクル永原屋茂八

地　　址：京都市左京区川端通三条上ル法林寺門前町 35
営業時間：9:00~19:00
公 休 日：不一定
租　　金：￥1,000
HP：nagahaya.web.fc2.com/

B3. レンタサイクル安本

地　　址：京都市左京区川端通三条上ル法林寺門前町 36
營業時間：9:00~18:00
公 休 日：不一定
租　　金：￥1,000
HP：yasumoto-bikepool.com/index.html

B4. 京都見聞錄

提供『配送、回收』服務。
地　　址：京都市東山区祇園町南側 570-51
營業時間：8:00~20:00
公 休 日：不一定
租　　金：￥1,000
配送到指定地點 + ￥300
指定地點回收：+ ￥400
HP：www.kuwagen.com/kyoto

B5. 岡崎公園駐車場レンタサイクル
（京のレンタサイクル～るぽるぽ）

地　　址：京都市左京区岡崎最勝寺町63番地
營業時間：9:00～17:00（20:00前還車）
公 休 日：無
租　　金：￥1,000
HP：www.kyotopublic.or.jp/rentacycle/

B6. 京都市鴨東駐車場レンタサイクル
（京のレンタサイクル～るぽるぽ）

地　　址：京都市東山区川端四条上る川端町181番地
營業時間　9:00～17:00（20:00前還車）
公 休 日：無
租　　金：￥1,000
HP：www.kyotopublic.or.jp/rentacycle/

B7. 五条サイクル

地　　址：京都市下京区西橋詰町795－4
營業時間：9:00～18:00（19:00前還車）
公 休 日：星期三
租　　金：￥800
HP：www.gojo-cycle.com/index.html

C1. レンタサイクルえむじか出町柳店

地　　址：京都府京都市左京区田中上柳町 24
營業時間：9:00~23: 30（例假日：9:00~22:30）
公 休 日：無
租　　金：20:00前還車￥500（一星期￥2,000，押金￥2,000）
HP：emusica-dmcy.com/　　　（四条河原町店還車：+￥300）

C2. 北山駅自転車駐車場レンタサイクル（京のレンタサイクル～るぽるぽ）

地　　址：京都市左京区下鴨半木町1番地の23
營業時間：9:00~17: 00（20:00前還車）
公 休 日：無
租　　金：￥1,000
HP：www.kyotopublic.or.jp/rentacycle/

D1. サイクルハウス大晃

地　　址：京都市上京区下長者町室町東入ル清和院町 575
營業時間：9:00~19:00
公 休 日：星期三，每月第二個星期六、第三個星期日
租　　金：￥1,000（一小時￥200）

D2. 京都ちりんちりん

提供『指定地點配送、回收』服務。
地　　址：京都市上京区大宮通上長者町上ル和水町 439-19
營業時間：8:30~20:00
公 休 日：不一定
租　　金：￥1,000
配送到指定地點：一輛 + ￥200，兩輛以上免費。
指定地點回收期 + ￥400。到旅館回收：+ ￥100
HP：www.chirin2.com
■ 變速車　■ 電動腳踏車　■ 小孩車　■ 幼童座椅
■ 配收回收服務　■ 不同點還車

D3. 西陣千本商店街レンタサイクル

地　　址：京都市上京区千本通一条上ル泰童片原町 659
營業時間：10:00~16:30
公 休 日：星　一、例假日
租　　金：￥500（押金￥3,000）
HP：nishijin-senbon.com/rental-bicycle

E1. KCTP 錦市場北

地　　址：京都市中京区柳馬場蛸薬師
　　　　　上ル井筒屋町 411（Co-op Inn Kyoto Hotel 內）
營業時間：9:00~19:00
公 休 日：無
租　　金：￥1,000（不同點還車：+ ￥400）
HP：www.kctp.net

E2. KCTP二条城

地　　址：二条城售票口旁
營業時間：9:00~19:00
公 休 日：無
租　　金：￥1,000（不同點還車：+ ￥400）
HP：www.kctp.net

E3. いのうえ屋（井上商會）

地　　址：京都市中京区六角通室町東入骨屋町 138-1
營業時間：10:00~18:00
公 休 日：無
租　　金：一小時￥105

E4. MARUYASU 丸安商會

地　　址：京都府京都市中京区西ノ京小倉町 4
營業時間：9:00~19:00
公 休 日：不一定
租　　金：￥500（押金￥2,000）
HP：maruyasu.club/?tid=4&mode=f4

E5. J-cycle

地　　址：京都下京区東洞院通高辻下ル
營業時間：10:00~19:00
公 休 日：無
租　　金：￥800
HP：www.j-cycle.com/

E6. レンタサイクルえむじか四条河原町店

地　　址：京都府京都市下京区斎藤町140-9
營業時間：9:00~22:00
公 休 日：無
租　　金：20:00前還車￥500（一星期￥2,000，押金￥2,000）
HP：emusica-dmcy.com/　　（出町柳店還車：+￥300）

E7. ろうじ屋

地　　址：京都府京都市中京区西ノ京池ノ内町22-58
營業時間：8:00~21:00
公 休 日：無
租　　金：￥500
HP：bike.kyotobase.com/

衣笠

F1. KCTP 金閣寺

地址：京都市北区平野上八丁柳町51
　　　（Hotel Chrysantheme Kyoto内）
營業時間：9:00~19:00
公休日：無
租金：￥1,000（含不同點還車：+￥400）
HP：www.kctp.net

F2. 宇多野青年旅館

不接受預約，住宿者優先。
地　　址：京都市右京区太秦中山町 29
營業時間：9:00~21:00
公 休 日：無
租　　金：￥500

西院

G1. サイクルどりーむ

只接受預約（當天預約可）。僅提供『三段變速摺疊腳踏車』。
地　　址：京都市右京区西院東貝川町 3-2
營業時間：10:00~20:00
公 休 日：星期四
租　　金：￥1,620
HP：www.c-dream.jp/rent_cycle/rent_cycle.html

G2. 阪急レンタサイクル西院（阪急西院駐輪センター）

地　　址：京都市右京区西院高山寺町 16-1
營業時間：6:30~23:30（可隔日 10:00 還車）
公 休 日：正月過年
租　　金：￥310（一個月￥1,800）
HP：www.hankyu.co.jp/station/service/rental02.html

嵐山

H1. トロッコおじさんのレンタサイクル

地　　址：京都市右京区嵯峨天龍寺車道町 28
　　　　　（JR 嵯峨嵐山車站前）
營業時間：9:00~17:00（借車到 15:00）
公 休 日：正月過年
租　　金：￥1,000

H2. らんぶらレンタサイクル

地　　址：京都市右京区嵯峨天龍寺造路町 20-2
　　　　　（嵐電嵐山站前）
營業時間：9:00~17:00（借車到 15:00）
公 休 日：無
租　　金：￥1,000（2 小時￥500）
■ 變速車　■ 電動腳踏車　□ 小孩車
□ 幼童座椅　□ 配收回收服務

H3. レンタサイクル京都 (新八茶屋)

地　　址：京都市右京区嵯峨天龍寺造路町 37-17
營業時間：9:00~17:00（借車到 16:00）
公 休 日：不一定
租　　金：￥900（一小時￥350、二小時￥450）
HP：www.sinpachi.com/site/contents/cycle.htm
□ 變速車　■ 電動腳踏車　■ 小孩車
■ 幼童座椅　□ 配收回收服務

H4. 阪急嵐山レンタサイクル

地　　址：京都市西京区嵐山西一川町 3-5（阪急嵐山車站前）
營業時間：9:00~17:00（借車到16:30）5月~10月9:00~18:00（借車到17:30）
公 休 日：正月過年
租　　金：￥900
HP：www.hankyu.co.jp/station/service/rental02.html

伏見

KCTP 伏見
地　　址：京都市伏見区深草西浦町 4 丁目 59 番地
　　　　　（Urban Kyoto Hotel 內）
營業時間：9:00~19:00
公 休 日：無
租　　金：￥1,000（不同點還車＋￥400）
HP：www.kctp.net

桂

阪急レンタサイクル桂（桂東阪急ビル駐輪センター）
地　　址：京都市西京区桂野里町十七番地
營業時間：6:30~23:30（可隔日 10:00 還車）
公 休 日：正月過年
租　　金：￥310（一個月￥1,800）
HP：www.hankyu.co.jp/station/service/rental02.html

阪急レンタサイクル洛西口（阪急洛西口駐輪センター）
地　　址：京都市西京区川島六ノ坪町 59-2
營業時間：6:30~23:30（可隔日 10:00 還車）
公 休 日：正月過年
租　　金：￥310（一個月￥1,800）
HP：www.hankyu.co.jp/station/service/rental02.html

長岡京市、向日市

長岡京市觀光案內所
地　　址：長岡京市天神 1-1-2（阪急長岡天神車站前）
營業時間：9:00~16:00
公 休 日：星期三
租　　金：￥500

阪急レンタサイクル西向日 S-style（阪急西向日駐輪センター）
地　　址：向日市上植野町南開 19-1
營業時間：7:00~19:00（可隔日 10:00 還車）
公 休 日：正月過年
租　　金：￥310（一個月￥1,800）

八幡

八幡市觀光案內所
不接受預約。
地　　址：京都府八幡市八幡高坊 8-7（京阪電車八幡市車站前）
營業時間：9:00~16:30
公 休 日：正月過年
租　　金：￥500（押金￥500）

minaportミナポート

新型態的自助式腳踏車租借系統，類似台北的YouBike，可在專用服務站自己取車和還車。借車時必須要有信用卡（需已開通預借現金功能或按各家信用卡規定）或是日本的PiTaPa卡，不接受現金付款。可在不同點還車。

租金：￥1,000

HP：www.minaport.jp

借車方式：
(1)專用服務站借車：自行到MINAPORT的專用服務站借車。

借車步驟：
1.從現場有的腳踏車中挑選要借的車輛（確認胎壓、煞車等是否正常），確認腳踏車的停車柱編號。

2.到付費機台按畫面指示操作，輸入停車柱編號，刷卡領取收據，以收據上的鑰匙暗號解鎖領車。

(2)手機APP預約或網站預約：利用手機APP或網站進行預約，可從畫面地圖中顯示的據點選取租車地點預約配送到希望指定地點。

還車方式：
(1)專用服務站還車

自行到MINAPORT的專用服務站還車。

還車步驟：
還車時先將車子卡入停車柱並上鎖，然後到機台點選「返卻」按畫面指示，插入借車時使用的信用卡或IC卡進行還車手續。

(2)特約停車場還車：利用手機APP或網站從畫面地圖中搜尋附近的還車地點，選取後將腳踏車停放到該地點，再次啟用APP進行還車手續。

(3)GPS還車：利用手機APP請工作人員到指定地點收車。

MINAPORT專用服務站：
取車：8:00~20:00，還車：全日受理。

『三条京阪』地址：京都市東山区大和大路通三条下る五軒町128-1（三条京阪站4號與5號出口之間）

『神宮丸太町』地址：京都市左京区川端丸太町下ル下堤町91（江若交通川端駐輪場2樓）

『京都YODOBASHIヨドバシビル』地址：京都市下京区烏丸通七条下る東塩小路町590－2（京都YODOBASHI大樓駐輪場2樓）（僅在8:00~23:30受理還車）

『七条』地址：京都市東山区日吉町229（京阪七条站旁）

以上為 2017 年的資訊，若與現況不符合 還請見諒。

 京都腳踏車旅行

關於停車

自助式收費駐輪場

為了改善腳踏車亂停的情況，近年京都市內增設了許多收費駐輪場，特別是在主要觀光地以及車站前方，像是京阪電車沿線的出町柳站、三条站、祇園四条站，京都地下鐵的今出川站、北山站、JR的京都站、二条站等等，都設有駐輪場，以日計費或者是按停放時數收費。

駐輪場搜尋：www.kyochari-navi.jp/churin

QR code：

路上常見自助式駐輪場，以計時收費居多，但有的會提供停放後30分鐘或60分鐘之內取車免費的優惠。自助式駐輪場通常24小時營業，非常方便。

以下介紹自助式駐輪場的使用步驟：

1.確認該駐輪場的收費方式與步驟，同時確認是否有空位。

2.將腳踏車放進停車柱，確認停車柱上的卡榫是否有彈起且確實卡住車輪。（自己的腳踏車鎖也不要忘記鎖上喔）

3.取車時，按繳費機指示將停車柱編號輸入繳費機，然後按顯示金額繳費，繳費完畢後停車柱上的卡榫就會跳開，這時就牽車離場。

（以上為舉例，各駐輪場實際狀況和順序可能會有所不同）

京都腳踏車觀光1日駐輪券
（京都よくばり自転車観光1日券）￥200

雖然大部分神社寺院門前都設置有可以停放腳踏車的空間，但一些特別熱門或是本身就位在人車擁擠的地方，就要另尋駐輪場或是付費駐輪場來停放，例如：銀閣寺、二条城還有清水寺周邊。憑「京都よくばり自転車観光1日券」可不限次數使用11處分別位於熱門觀光地區的市營或合作駐輪場，大大節省荷包。

網站：kanko.city.kyoto.lg.jp/bicycle/go/parking/img/ichinichi.pdf

使用方式：購入票券後第一次停車時請駐輪場工作人員在票券上蓋上日期印章，之後只要在入場時出示票券即可。

可使用京都腳踏車觀光1日駐輪券的駐輪場如下：

① 清水坂観光駐車場

② 嵐山観光駐車場

③ 銀閣寺観光駐車場

④ 高雄観光駐車場（只有11月營業）

⑤ 岡崎公園駐車場

⑥ 二条城駐車場

（可在①～⑥購買京都腳踏車觀光1日駐輪券）

⑦ 四条烏丸

⑧ 御射山

⑨ 寺町

⑩ 富小路六角

⑪ 先斗町

（⑦～⑪皆靠近新京極、錦市場四条繁華街一帶）

行者橋

Bed & Bicycle

想要以腳踏車在京都趴趴走，除了腳踏車出租店之外，部份旅館、飯店、短期型出租公寓，也會提供住客免費或收費的腳踏車，可以直接從住宿的地方騎腳踏車出門展開行程，相當方便！此外，有些旅館飯店也會跟腳踏車出租店合作，不妨在訂房的同時順便詢問。

以下介紹一些提供腳踏車的平價型住宿：

1. Daily Apartment house IVY

屬於 Weekly mansion（短期型出租公寓）。短期型出租公寓是日本近年來一種新的租屋模式，它不同於旅館、飯店或民宿，只是單純提供租屋服務。IVY 現有『一条 IVY』、『西陣 IVY』、『五条 IVY』、『伏見 IVY』四處，其中『一条 IVY』、『西陣 IVY』、『五条 IVY』都有提供代步自行車。

一条 IVY 住址：京都市上京区堀川通一条下ル福大明神町 109
西陣 IVY 住址：京都市上京区一条通淨福寺東入南新在町 334
五条 IVY 住址：京都市下京区花屋町油小路西入西若松町 245
住宿費用：基本單人房￥3,600（日）、基本雙人房￥4,900（日）
HP：ivy.free-d.jp

2. Tour Club

住址：京都市下京区東中筋通正面下紅葉町 362
住宿費用：￥2,450 起　腳踏車租金：￥690（8:00~21:30）
HP：www.kyotojp.com/services-big5.html

3. 五条 Guest house

住址：京都市東山区五条橋東 3 丁目 396-2
住宿費用：￥2,600 起　腳踏車租金：￥500（8:00~22:00）
HP：www.gojo-guest-house.com/gojo-guest-house/gojo.html

4. 鹿麓

住址：京都市左京区鹿ヶ谷寺ノ前町 61
住宿費用：￥2,500 起　腳踏車租金：免費提供
HP：www.rokuroku.kyoto.jp/japanese/index.html

5. 京都中野屋

住址：京都市南区東九条西岩本町 37 番
住宿費用：￥3,680 起　腳踏車租金：免費提供
HP：www.nakanoya.idv.tw/kyoto/kyoto_ad.htm

6. Guest House 木音

住址：京都市上京区溝前町100
住宿費用：￥2,700 起　腳踏車租金：￥500
HP：kioto-kyoto.com

7. Kyoto Hana Hostel 京都花宿

住址：京都市下京区不明門通七条上ル粉川町229番地
住宿費用：￥2,800起　腳踏車租金：￥700
HP：kyoto.hanahostel.com/index_j.html

8. J-Hoppers Kyoto

住址：京都市南区東九条中御霊町51-2
住宿費用：￥2,500起　腳踏車租金：￥500
HP：kyoto.j-hoppers.com/j_index.html

9. Kyoto Guesthouse Roujiya ろうじ屋

住址：京都府京都市中京区西ノ京池ノ内町22-58
住宿費用：￥3,000起　腳踏車租金：￥500
HP：kyotobase.com/

10. Hostel HARUYA Aqua 宿はる家Aqua

京都近年很流行傳統町家改建而成的guesthouse，雖然大多浴廁共用、便利性不及新式旅館，卻是許多嚮往京風生活、想要「來去町家住一晚」的人的首選。
住址：京都市下京区和気町1番地12
住宿費用：￥2,000起　腳踏車租金：￥525
HP：www.yado-haruya.com/aqua/

11. Guesthouse KINGYOYA 金魚家

町家改建。
住址：京都府京都市上京区歓喜町243
住宿費用：￥2,700起　腳踏車租金：￥500
HP：kingyoya-kyoto.com/

12. Guesthouse Itoya 系屋

町家改建。
住址：京都市上京区浄福寺通五辻下る 有馬町202番地
住宿費用：￥2,500起　腳踏車租金：￥500
HP：kyoto-itoya.com/chinese/index.html

13. PIECE HOSTEL KYOTO

住址：京都市南区東九条東山王町21-1番地
住宿費用：￥2,500起　腳踏車租金：￥500
HP：www.piecehostel.com/jp/

14. KYOTO WHITE HOTEL

住址：京都市下京区東洞院通塩小路上る東入東塩小路町556
住宿費用：￥4,400起　腳踏車租金：￥1,000
HP：kyoto-whitehotel.jp/

京都腳踏車旅行

實用日文

日文與腳踏車

借車篇

我想要租腳踏車。
自転車を借りたいです。

我想要租（車種）。
_____を借りたいです。

淑女車：シティーサイクル /
登山車 MTB：マウンテンバイク
小徑車：ミニベロ

我想要預約租車。
レンタサイクルを予約したいです。

我是（名字），我有預約。
予約しております_____です。

請問哪裡可以租腳踏車？
レンタサイクル出来る場所をお教えください。

有變速腳踏車嗎？
変速機付自転車はありますか？

有電動腳踏車嗎？
電動自転車はありますか？

有小孩子騎的車嗎？
子供用自転車はありますか？

有附安全帽嗎
ヘルメットはついていますか？

有附輔助輪的兒童腳踏車嗎？
補助輪付き自転車はありますか？

我要租（多久）。
_____利用したいです。

全天：一日 / 半天：半日 / 下午：
午後 / 2小時：2時間

租金是多少錢？
レンタル料はいくらですか？

有附保險嗎？
保険はついていますか？

需要 押金 / 證件 嗎？
保証金 / 身分証明書は要りますか？

押金是多少錢？
保証金はいくらですか？

我會在(幾點)還車。
_____時に自転車を返却します。

超過關店時間來不及回來要加錢嗎？
閉店までに戻れなかったら延長金がかかりますか？

可以隔天再還車嗎？
翌日に返却することはできますか？

要加多少錢？
追加料金はいくらですか？

我想要取消預約。
予約をキャンセルしたいです。

可以連續借好幾天嗎？
連日利用は可能ですか？

有提供配送回收服務嗎？
自転車の配達回収サービスはありますか？

可以在不同地點還車嗎（甲地借乙地還）？
乗り捨ては可能ですか？

有哪些地方可以還車？
乗り捨て出来る場所をお教えください。

我想要在（還車地點）留下腳踏車（還車）。
_____に乗り捨てします。

座椅高度要怎麼調整？
自転車サドルの調整方法をお教えください。

座椅高度有點 高 / 低。
サドルの位置が少し高い / 低いです。

車胎胎壓不太夠。
タイヤの空気が少し足りないです。

請教我怎麼用腳踏車鎖。
自転車カギの使い方をお教えください。

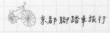

路上篇

請問可以在這裡停車嗎？
ここに自転車が置けますか？

請問哪裡可以停車？
駐輪できる場所をお教えください。

腳踏車停車場在哪裡？
駐輪場はどこですか？

請問有腳踏車停車場嗎？
自転車置場はありますか？

請問這附近有腳踏車停車場嗎？
この近くに駐輪場はありますか？

這裡是免費停車場，還是收費停車場？
ここは無料駐輪場ですか？それとも有料駐輪場
ですか？

腳踏車被拖吊了。
自転車が撤去されました。

請問這附近有腳踏車店嗎？
この近くに自転車屋さんはありますか？

腳踏車故障了。
自転車が故障しました。

腳踏車爆胎了。
自転車のタイヤがパンクしました。

腳踏車脫鏈了。
自転車のチェーンが外れました。

煞車故障了。
自転車のブレーキが故障しました。

車胎沒氣了。
タイヤの空気が抜けました。

這腳踏車是租借來的。
レンタサイクルです。

發生車禍了，請幫我叫警察。
事故を起こしました。警察を呼んでください。

請幫我叫救護車
救急車を呼んでください。

我迷路了。
道に迷ってしまいました。

我想問路。
道を聞きたいです。

請問這裡是那裡？
ここはどこですか？

請問（地點）在哪裡？
＿＿＿＿＿はどこですか？

我想去（地點）。
＿＿＿＿＿に行きたいです。

到那裡要多久？
そこまでどのくらいかかりますか？

這裡是地圖上的哪裡？
ここはこの地図でどこになりますか？

（地點）是在地圖的哪裡？
＿＿＿＿＿はこの地図でどこになりますか？

（地點）要如何去？
＿＿＿＿＿はどうやって行けばいいですか？

直直走是嗎？
まっすぐですか？

相反方向嗎？
逆ですか？

沿著這條道直走就可以了嗎？
この道をまっすぐ行けばいいんですか？

（當然，還有最後一定不要忘了說的）『謝謝』
ありがとう！（a・ri・ga・tou）

（或許可以入境隨俗來句京都腔）
おおきに！（oo・ki・ni）

單字帳

出租腳踏車　レンタサイクル	爆胎　パンク
腳踏車　自転車	腳踏車店　自転車屋
禁止停車　駐輪禁止	修理　修理
腳踏車停車場　駐輪場（自転車置場）	修理費　修繕費用
變速腳踏車　変速機付自転車	故障　故障
不同點還車　乗り捨て	拖吊　撤去
雨衣　レインコート	拖吊場　保管所
車籃　自転車カゴ	車禍　事故
打氣筒　空気入れ	警察　警察
幼童座椅　子供用の補助椅子	救護車　救急車
腳踏車鎖　自転車カギ	受傷　けが
煞車　ブレーキ	賠償金　補償金
車燈　ライト	公路腳踏車　Road bicycle　ロードバイク
地圖　地図（マップ）	摺疊腳踏車　Folding Bike　フォールディングバイク
押金　保証金	電動腳踏車　アシスト自転車
證件　身分証明書	登山車　Mountain bike　マウンテンバイク
安全帽　ヘルメット	小徑車　MiniVelo　ミニベロ
車胎　タイヤ	一般通勤車　シティーサイクル
內胎　チューブ	（一般自転車、ママチャリ）

推薦路線

腳踏車的旅行

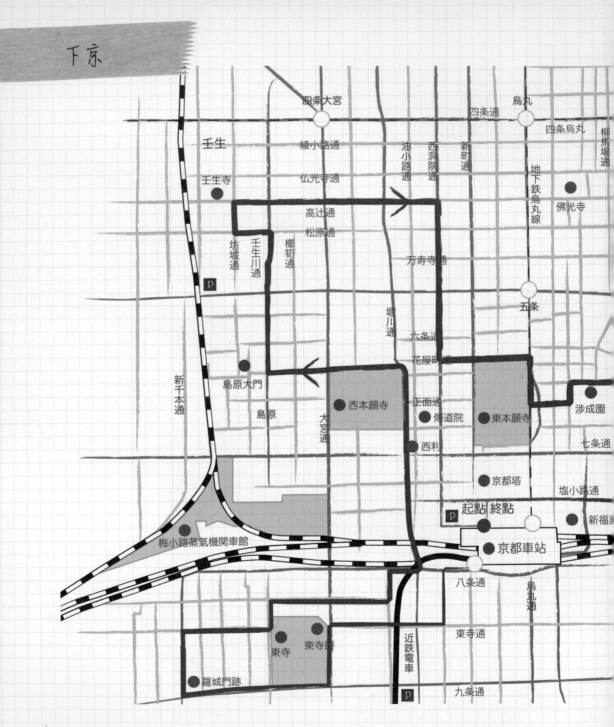

下京

京都脚踏車旅行

知恩寺

八坂神社　　圓山公園

東山

長楽寺

建仁寺　　　　　　洛匠
　　　　　　　　高台寺

八坂通　　　八坂の塔

　　　　　　　　　　　二年坂
　　　　　　　文之助
　　　　　　清水道
松原橋

　　　　　　　　　　　　産寧坂

清水五條

五条大橋

河原町通　　　六波羅蜜寺　　五条坂

　　　　　五条通　　　　　地主神社

　　　　　　　　　　　　　清水寺

丸

柳馬場通

麩屋町通

寺

方広寺

步成園　　　　　　　　　豐國神社　　渉谷通

高瀬川　　京阪電車　東大路通

七条通　　　　京都國立博物館　　　ILPAPALARDO

路通　　　　　　　　　　　　　　里

新福菜館　　　　　三十三間堂　　智積院

下京

當年的平安京中心比現在所認為的還要偏左，縱貫京都中央南北的不是今日的烏丸通，而是現在被叫做『千本通』的『朱雀大路』，『朱雀大路』起自船岡山往南延伸，大路南端是京城大門『羅城門』，以此門為界，門內是京城，門外當然就是京城以外了。八世紀末，羅城門的東西兩側分別建有『東寺』、『西寺』兩座官寺，如今只有東寺留存下來。同樣位於下京區，京都車站北邊的兩座本願寺，幾經火災蹂躪，仍在信徒們的絕大支持下屹立不搖。除了世界級的名寺古剎外，這裡也能看見市民的日常生活風貌。

京都車站

往東走，過了鴨川，來到東山七条，這一帶曾經是豐臣秀吉所創建的方廣寺遺址，還有觀光客最愛拜訪的三十三間堂與京都國立博物館。

總距離：約11公里
難度：★☆☆

路線：

京都車站 →1.1km→ 東寺 →1.7km→ 西本願寺 →0.3km→ 島原大門 →1.2km→ 壬生

寺 →2.5km→ 東本願寺 →0.8km→ 涉成園 →1.1km→ 豐國神社 →0.4km→ 三十三間堂 →1.4km→ 京都塔 →0.1km→ 京都車站

下京區給人車流量很多的印象，但也因為如此，作為幹道的大馬路都很寬敞，且設有腳踏車專行道，行走容易。當然，不怕迷路的話，沒有比隨興鑽進小巷更棒的走法了。

東寺

『東寺』又名『教王護國寺』。原本是作為鎮護國家的官方大寺，由嵯峨天皇賜給空海也就是弘法大師之後，便成了真言密教的根本道場。東寺自古以來受到當權者們的援助與支持，即使祝融不斷，依然難得維持了創建當時的規模，直至今日，那源自平安時代伽藍配置仍一如原初。

東寺中心的國寶『金堂』，堂內安置本尊藥師如來，金堂北方的『講堂』，以大日如來為中心，尚有國寶級的菩薩像、明王像等，而東寺最著名的『五重塔』，一直以來都是京都的代表地標之一，高達 4.8 公尺，是日本第一高的木造塔。

東寺的另一焦點是每月二十一日的『弘法市』，原本莊嚴肅穆的寺境內出現露天市集，從古董舊貨、生活用具到食材盆栽，一應俱全，古物迷也好，觀光客也好，包含當地人在內都會趕來湊熱鬧。

東寺的五重塔不但是東寺的象徵，也是京都的象徵

開放時間（境內）：5:00~17:00
參觀費用：免費參觀
開放時間（金堂、講堂）：8:30~16:30
參觀費用：￥500

東寺餅

東寺御用的和菓子老鋪，位在東寺東側大門旁，招牌的『東寺餅』￥140，外皮用最高級的羽二重餅製作，軟彈如嬰兒肌膚，內包甜而不膩的紅豆餡，此外還有混入艾草外皮呈現綠色的『よもぎ大福』￥210，來到東寺附近，一定要順便帶一個品嘗！

營業時間：7:00~19:00
公休日：每月 6 號、16 號、26 號（例假日除外）

羅城遺跡

過去的平安京大門只剩小小的石碑一座。來到在小說『陰陽師』中頻頻登場的羅城門，腦海中實在忍不住一直浮現出晴明跟博雅的故事。昔日著名的靈異地點，如今是附近居民溜狗散步之處。

開放時間：自由參觀

西本願寺

供奉親鸞聖人，是淨土真宗本願寺派的本山寺廟，廣大寺境同時也是市民散步休憩的場所。境內有許多桃山時代的代表建築，如書院、飛雲閣、北能舞台等等以及最有名的『日暮門』，都是國寶級的建物，就連本堂正面四百年高齡的大銀杏樹也有故事，傳說有一次西本願寺發生火災，銀杏竟然噴出水來中止了火勢，從此被稱為『噴水銀杏』。

東北角的『太鼓樓』過去曾出借給新選組做駐留所使用，是新選組迷的必停留之處。

開放時間：5:30~17:30（3.4.9.10 月 ）、5:30~18:00（5月 ~8 月）、5:30~17:00（12 月 ~2 月）
費用：免費參觀

本願寺傳道院

由建築家伊東忠太所設計的『本願寺傳道院』，位在西本願寺以東約一百公尺的對街上，有圓塔屋頂跟石造柵欄，是見證日本近代建築史的重要建築之一。1912 年建造，西式的建築物很難與西本願寺聯想在一起，原本是西本願寺旗下保險公司的據點，後來改做為西本願寺住職的研修所使用。

開放時間：外觀自由參觀

西利本店

跟京菓子、京銘茶一樣，京都的醃漬物聞名全日本，是外地人來到京都一定要帶的伴手禮，更是京都人每天餐桌上不可缺的菜色。對京都的漬物屋來說，各種蔬菜都可以拿來醃製，也會依季節時序推出不同的漬菜。京漬物的老鋪很多，『西利』是其中名氣最響亮、分鋪最多的一家，全年都有供應的『京のあっさり漬大根』（淺漬蘿蔔）1/4 割¥356，最受歡迎。京漬物的保存期間多半不長，像淺漬跟當季漬物的保存期限通常只有一到兩週，而且需要冷藏保鮮，如果要帶回國內慢慢品嚐或是送人，建議在回國前一天再購買。

營業時間：8:30~19:00　公休日：無休

Topic 京野菜

過去京都因為距海遙遠，加上寺社眾多，料理多以蔬菜類為主，所以在栽培蔬菜葉果上十分用心，而京都屬於盆地，擁有自己獨特的風土，因而能孕育出享譽日本的良質野菜。時至今日，京野菜仍是京料理的主要食材，也是京都人日常餐桌上的要角。

廣義來說，京野菜泛指京都府內所種植生產的野菜，狹義來講，則是在嚴格標準下挑出的 41 種京都傳統野菜和 21 種京都野菜。主要京野菜如下：

● 京竹筍（3 月 ~5 月）｜屬『孟宗竹』的品種，味美色白。

● 賀茂茄（7 月 ~9 月）｜過去只在上賀茂一帶種植，肉質渾厚有口感，久煮不爛是它的特色。

● 鹿谷南瓜（7 月 ~8 月）｜左京區鹿谷一帶的特產。形狀呈葫蘆狀，相當特別。

● 海老芋（11 月 ~1 月）｜形狀似蝦的芋頭，是東寺附近的特產。京都的知名料理『芋棒』即是以海老芋烹調而成。

● 聖護院大根（10 月 ~2 月）｜重要的冬季野菜，適合熬煮，柔軟味美。

● 聖護院蕪菁（10 月 ~2 月）｜聖護院蕪菁切薄片醃漬，就是著名的京漬物『千枚漬』。

● 九条蔥（11 月 ~2 月）｜知名度最高的京野菜，和火鍋特別搭配。

● 水菜（全年）｜細細的長莖呈空心，咬起來脆吱脆吱的，是拿來煮火鍋、油炸、涼拌都 OK 的萬能蔬菜。含有豐富的維他命 C、E。有人說京都多美女便是因為從小吃水菜的緣故。

● 壬生菜（全年）｜近似水菜，飽含維他命 C，口感清脆，做沙拉生吃也很適合。

其他如酸莖菜、花菜、堀川牛蒡、萬願寺唐辛子、桂瓜等等都是京都在地的特色蔬菜。

島原大門

從室町時代起這裡便是京都的花街區，幾度興衰之後，現在只剩下『大門』、『輪違屋』、『角屋』這些建築來想像當時舊影。

開放時間：自由參觀

輪違屋　　　　　　　　　島原過去是江戶幕府公認的花街

壬生寺

因新選組而馳名的京都壬生寺曾是新選組練武場，境內還有新選組局長近藤勇的銅像與遺髮塔。每年固定在壬生寺舉行的『壬生狂言』與『壬生六齋念佛踊』，是被國家指定為『重要無形文化財』的珍貴民俗活動。

開放時間：8:00~17:00（新選組隊隊勢遺跡壬生塚：8:30~16:30）
費用：免費參觀（壬生塚：￥100）

東本願寺

京都最雄偉的寺院建築群之一，無論從京都哪一處的至高點來俯看，絕對不會錯認。

穿過壯觀的御影門，首先進入眼中的是世界上最大的木造建築，東本願寺中心的『御影堂』，南側的阿彌陀堂雖然只有御影堂的一半面積，卻也已經是日本第七大的佛殿建築。近年隨著親鸞聖人的七百五十年大遠忌逼近，西本願寺、東本願寺相繼進行大規模的修復工程，修復過後嶄新的各殿宇樓門，今後也將會繼續留存直至後代吧！

開放時間：5:50~17:30（3 月~10 月）、6:20~16:30（11 月~2 月）
費用：免費參觀

涉成園

名字源自陶淵明的『園日涉而成趣』。原本是嵯峨天皇之子源融的庭園，數百年後由德川家光賜給了東本願寺。園裡有佔據總面積達六分之一的印月池，以及其他亭殿建物，屬於池泉式庭園，春櫻秋楓，十分美麗。

開放時間：9:00~16:30（3月~10月）、9:00~15:30（11月~2月）
費用：￥500

方廣寺

過去豐臣秀吉曾在此建立了仿傚奈良東大寺大佛殿的壯大殿宇，國立博物館、豐國神社這一帶原本都是屬於方廣寺大佛殿的範疇，後來在地震中毀壞，一度重建後又毀於大火，如今只能由周遭僅存的巨石石垣與方廣寺內的大梵鐘，來想像當年大佛殿的壯觀。

方廣寺的這口梵鐘，與知恩院、奈良東大寺的大鐘，合稱日本三大鐘，不過這口梵鐘卻也引發了大阪之役，將豐臣家族推向滅亡之路。

開放時間：9:00~16:00
費用：免費參觀（本堂：￥200）

大鐘上『國家安康，君臣豐樂』的八字銘字，『豐臣』兩字相連，『家康』兩字卻被分開，被認為有謀反之意，成為戰爭起源

豐國神社

祭祀豐臣秀吉的神社，華麗的國寶唐門，據傳原本是伏見城所有，門上葫蘆狀的繪馬成串吊掛，正是模仿當年豐臣秀吉的馬印（軍旗）『千成瓢簞』。由一介賤民到萬人之上的關白大位，豐臣秀吉向來是小人物發跡的代表，豐國神社也因此成為了人們祈求飛黃騰達的開運神社。

葫蘆狀的繪馬

開放時間：9:00~17:00
費用：免費參觀（寶物館：￥300）

京都國立博物館 ——————

於 1897 年開館，主要收藏並展示與京都文化相關的古文
物與藝術品，以京都各寺社所寄存的物件為多數。京都
國立博物館的建築物本身，也是日本重要文化財，明治
20 年代建造，是明治時期代表性的洋風建築之一，外觀
宏偉典雅，內部更是古典富麗，現在只有在特別展期間
才對外開放，一般展覽則移至後來新建的平時展示館。

休館日：星期一（遇國定假日改星期二休）、年底
費用：￥520
開放時間：9:30~16:30、9:30~19:30（星期五、星期六）

三十三間堂 ——————

正式名稱是『蓮華王院本堂』，本尊為千手觀音，
因為本堂有 33 個柱間（建築的柱與柱之間，也就
是兩柱之間為一個『柱間』），故又名『三十三
間堂』。『33』是觀音的數字，法華經中提到觀
音菩薩會以 33 種不同姿貌來拯救眾生，京都市內
的『洛陽三十三所觀音靈場』也同樣是引用『33』
這個數字。
本堂內有湛慶雕作的千手觀音坐像與引人驚嘆的
1,001 尊千手觀音立像，千尊觀音尊尊獨一無二，
另外還有風神雷神像跟二十八部眾，都是世上無
雙的傑作，就算不是佛像迷也會忍不住多看幾眼。
開放時間：8:00~16:30（4 月 ~10 月）、9:00~15:30
（11 月 ~3 月）
費用：￥600

每年一月，三十三間堂定例舉行的
『通矢』射箭比賽，來自日本各地
的弓箭好手都來此一試身手

智積院

東山七条的『智積院』是真言宗智山派的總本山。寺內收藏的國寶障壁畫,特別值得一看,由長谷川等伯等畫師所繪的『楓圖』、『櫻圖』、『秋草圖』張張華麗絢爛,是桃山文化的代表作品。七月到八月之間,前往金堂的參道上紫色、白色的桔梗花齊放,楚楚可愛。

開放時間:9:00~16:00
費用:免費參觀(收藏庫 & 庭園:￥500)

IL PAPPALARDO

被氣派的古剎群所包圍,這間提供窯烤比薩的時髦餐廳,是京都最有人氣的義大利餐廳之一,每到用餐時刻很快就客滿了。包含沙拉、主餐、飲料的午餐套餐￥1,800 起,比薩單點￥1,600 起。

營業時間:11:30~15:00(L.O.14:30),17:30~22:00(L.O.21:00)
公休日:星期二

手作りの洋食屋さん里

位於智積院旁的家庭洋食屋。店前這條通往豐臣秀吉祠廟『豐國廟』的參道,因為兩旁京都女子大學與京都女子高中、國中分立,所以又被稱為『女坂』,店裡常可見來此用餐的女學生們,餐點份量也不多不少剛剛好滿足女孩子的胃。招牌的漢堡排定食:￥900。

營業時間:9:00~22:00
公休日:無

新福菜館

1938 年創業,京都最古老的拉麵店之一。隔壁的『第一旭』也是京都拉麵名店,應該是競爭的對手,實際上卻是相互借蔥的交情。
招牌的拉麵黑色的湯頭使用的是醬油湯底,並添加了叉燒滷汁,香氣四溢,看似濃郁,實際卻是令人意想不到的淡爽口味。中華拉麵:￥700。

營業時間:7:30~22:00
公休日:星期三

京都塔

高達 131 公尺的展望台『京都塔』彷彿一根白色的大蠟燭佇立在京都車站的正前方，不但能以 360 度眺望京都市街以及周圍群峰，天氣好時還能看見大阪。

遊戲機 Wii 的使用說明書裡頭，『打雷時需停止使用』的說明圖便是用了京都塔作背景，當然這跟任天堂的本社就位於京都市有絕對關連。

京都塔下的大樓有商店、餐廳、飯店，地下三樓還有從早上七點就開始營業的大澡堂。最推薦接近日落時分時登塔，能一口氣欣賞京都在白天、夕陽、黑夜下的不同風情！

開放時間（京都塔展望台）：9:00~21:00（最後入場：20:40）
開放時間（京都塔名店街）：9:00~21:00
開放時間（京都塔大浴場）：7:00~20:30（最後入場：20:00）
費用：￥770（展望台）、￥750（大浴場）

　　老京都人對於『京都人』的定義很嚴格，在他們眼中只有三代以上都定居於京都，而且還要住在京都的市中心，才有資格稱得上是真正的京都人、所謂的『京都子』。

　　很多人可能不曉得，『盛產』百年老店的京都除了那些延續傳統工藝的老鋪之外，更孕育出了許多技凌全國、擁有世界水準的現代科技公司。資產超過一兆日圓的電子大社『京瓷』、出過諾貝爾獎得主的『島津製造所』、生產精密量測儀器的『堀場製造所』等等都是京都在地的企業，而以遊戲機、遊戲軟體稱霸世界的『任天堂』，這個世界級的遊戲大廠過去也是從京都的木屋町做花札（一種遊戲紙牌）起家的！

　　由京都的水土所滋養出的色彩美學、纖細思維，對職人匠人的培育與尊重，以及永續經營的理念和目標，這些現代人重視的企業成功經營的要領，早就已經存在於這些京都子的 DNA 之中。不管企業如何成長茁壯，大步邁向世界，他們始終以京都為據點，不曾遠離。

東山

銀閣寺

安楽寺
靈鑑寺
鹿ヶ谷
大豊神社
若王子神社

起點

哲学の道

喜み家

鹿ヶ谷通

田川通

真如堂
金戒光明寺

吉田神社
吉田

平安神宮

高原通

御蔭通
元田中
東鞍馬口通

知恩寺
東一条通

聖護院

近衛通

神宮丸太町

河合橋
出町柳

出町橋
河合橋
加茂大橋

河原町通

歴史資料館

寺町通
下御霊神社

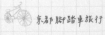京都脚踏車旅行

永観堂

南禅寺

水路閣

金地院

地下鉄東西線

御陵

洸水紀念館

京都市動物園

無鄰庵

インクライン

蹴上

将軍塚

展望台

京都市美術館

栗田神社

東山

京都國立近代美術館

神宮通

青蓮院

知恩寺

圓山公園

長楽寺

地主神社

清水寺

京都會館

高台寺

洛匠

終點

二年坂

東山

白川

八坂神社

八坂の塔

文之助

產寧坂

P

五條坂

東大路通

二条通

三条通

三条通

川端通

東山

花見小路通

新橋通

五條坂

三条京阪

縄手通

祇園四条

建仁寺

六波羅蜜寺

御池大橋

木屋町通

河原町

寺町通

新京極通

清水五條

五條大橋

清水寺附近坂道、人潮眾多，無法以腳踏車通行

東山

從京都東側的大文字山開始，到稻荷山為止的這一串連峰，自古以來便被稱為『東山』，山麓之間有許多歷史悠久的神社寺廟，全都是京都最熱門的觀光景點，包括與金閣寺齊名的『銀閣寺』、賞櫻名所的『哲學之道』、擁有絕景的『南禪寺三門』、七不可思議的『知恩院』、主辦日本三大祭之一祇園祭的『八坂神社』、參與世界新七大奇蹟競賽的『清水寺』等等，旅遊書都說如果行程中京都只安排一天——千萬別做這麼可怕的決定——就把那一天留給東山，然而要在一天之內從銀閣寺逛到清水寺，或者是反過來從清水寺

出發，實行了這樣的『東山大縱走』之後，隔天肯定會鐵腿到不行，若改以腳踏車代步，省時之外還能省力。

總距離：約6公里

難度：★☆☆

路線：

銀閣寺 →1.2km→ 大豐神社 →0.7km→ 永觀堂 →0.6km→ 南禪寺 →0.1km→ 金地院

→1.4km→ 青蓮院 →0.2km→ 知恩院 →0.4km→ 八坂神社 →0.4km→ 高台寺 →0.2km→ 清水寺（二年坂下）

　　不過在這堪稱是日本首屈一指的觀光勝地，特別是從八坂神社經二年坂、三年坂到清水寺的這一段，在春秋旺季期間以摩肩接踵來形容滿溢的觀光客也毫不誇張。從二年坂爬上清水寺前，強烈建議先找好地方停妥腳踏車後，再步行前往。

　　雖然這一區遊人如織，必須經常下來牽車前進，可是仍有像哲學之道中段、永觀堂～南禪寺、南禪寺～青蓮院、知恩院～圓山公園等適合腳踏車通過的區段，可以省下不少的體力與時間。

　　因為屬於東山山麓的一部分，所以地形有一定的起伏。另一點要注意的是，由於是超人氣觀光路線，步行者不少，千萬要記得放慢速度，小心為上。

銀閣寺

被喚作『銀閣寺』的『慈照寺』，主殿的觀音殿是足利義政模仿金閣寺所建造，與金閣、西本願寺的飛雲閣並稱『京之三閣』。銀閣屋頂採寶形造，底層的心空殿為書院風，上層則是佛殿構造，整體建築典雅沉靜，雖然殿閣並未如其名一般貼有銀箔，卻依然不減其藝術價值，是東山文化的代表建築。銀閣之外，還有

另一國寶建築『東求堂』，內設有佛堂與書齋，書齋北側有據傳是日本茶室原型的遺構，除了在特定公開期間之外，非經事先申請，一般無法入內參觀。

銀閣寺庭園分做『池泉回遊式庭園』與『枯山水庭園』兩部分，其中最引人注目的莫過於由白砂所構成的『銀沙灘』與『向月台』。

開放時間：8:30~17:00（3月~11月）、9:00~16:30（12月~2月）
費用：￥500

哲學之道

被列入『日本之道百選』的名散步道，步道旁的流水是琵琶湖疏水的分流，過去哲學家西田幾多郎常來此一邊散步一邊思考哲理，因而有『哲學之道』之稱。

哲學之道沿道植有被稱為『關雪櫻』的櫻花，春天時櫻花盛開，總是吸引了無數的賞花客。櫻花、紅葉季節雖然寸步難行，但在其他季節騎著腳踏車通過可是格外痛快，不過，要在哲學之道騎腳踏車，當然還是要騎在外邊的馬路上，裡側的散步步道狹窄又顛簸，還是別去跟行人搶道吧。

開放時間：自由參觀

喜み家

經過精挑細選，顆顆形狀完美的赤豌豆，加上切塊的寒天，最後淋上黑蜜，這就是喜み家的『豆かん』¥600，這來自關東的甜點，開店不到十年，在老鋪林立的京都異軍突起，不大的店面裡，總是很快就被甜食愛好者坐滿了。

營業時間：11:00~17:00
公休日：不一定

豆かん加上冰淇淋與紅豆的『クーリムあんみつ』¥800

大豐神社

從哲學之道向東轉進大豐橋，再沿著參道往前行五十公尺左右有一座『大豐神社』，是南禪寺、鹿谷這一帶的產土神（土地神），但幾乎所有人都是為了本殿右方的另一座小祠而來──大豐神社攝社的『大國社』，神社前鎮座的不是常見的狛犬，而是狛鼠，這渾圓可愛的石老鼠為這原本沒沒無名的小神社招來了眾多的參拜客。除了狛鼠之外，日吉社前的狛猿，愛宕社前的狛鳶，同樣可愛逗人。

開放時間：自由參觀

熊野若王子神社

1160 年由後白河天皇自熊野勸請過來作為永觀堂守護神社的『熊野若王子神社』，佇立在哲學之道的終點，不妨在這裡小小休息一下。

開放時間：自由參觀

永觀堂

本名『禪林寺』，因為有第七代住持永觀為該寺重振勢力，故又名『永觀堂』，從平安時代起便以『紅葉的永觀堂』著稱，是賞楓名所。永觀堂的本尊，通稱『回望阿彌陀』的木造阿彌陀如來像，也是永觀堂的一大重點，如來像的臉並非朝向正面，而是對著左方。傳說在永觀誦經之際，阿彌陀如來突然現身，轉頭對身後的永觀說：『永觀，太遲了。』之後佛壇上的阿彌陀如來像就始終保持著這轉頭的姿態。

開放時間：9:00~17:00（最後入寺：16:00）
費用：￥600（秋季￥1,000）

南禪寺

『南禪寺』於 1291 年由龜山法皇所建立，是屬於京都五山之上的別格寺院。聞名於世的『南禪寺三門』，高 22 公尺，是 1628 年為弔慰在大阪夏之陣戰死的將士們所營造。傳說古代大盜石川五右衛門曾在南禪寺三門上，大讚『絕景啊！絕景啊！』，雖然經過考證純屬虛構，但這故事卻深植人心，原因不難理解，是由於世人也都生出相同感想的緣故吧！

三門之外，還有國寶級的『大方丈』、『小方丈』，方丈前的枯山水庭園更是名庭中的名庭。

南禪寺境內，當初在強烈的反對聲浪中建造的『水路閣』，古樸中帶典雅的歐風紅磚拱廊橋竟也慢慢地融入了這座歷史古蹟中，曾幾何時，也變成了南禪寺、京都代表景致之一。

開放時間：8:40~17:00（3 月 ~11 月）、8:40~16:30（12 月 ~2 月）
費用：境內免費（方丈庭園￥500、三門￥500、南禪院￥300）

金地院

從南禪寺中門出來往西走,會來到『金地院』。金地院是南禪寺的子院之一,以名匠小堀遠州打造的名庭『鶴龜之庭』以及『東照宮』而著名。

祭祀德川家康的東照宮,黑色樑柱上隱約可見昔日的華麗漆彩。

開放時間:8:30~17:00(冬 8:30~16:30)
費用:¥400

蹴上鐵道遺蹟

為了解決琵琶湖疏水水道之間的水位差問題而建造的傾斜鐵道,是往昔用來搬運船舟的重要工具,如今功能不在只留下舊跡。

鐵軌旁側櫻花成林,春天時滿是賞花客,相當熱鬧。

開放時間:自由參觀

栗田神社

鎮座在京都七口之一『栗田口』的『栗田神社』,是古代曾居住在此地的栗田氏一族的氏社。從境內可以望見大片山麓,從比叡山到愛宕山都能收入眼底,是個不錯的展望點。

開放時間:6:00~17:30
費用:免費參觀

Topic 京都七口

作為千年之都,以京都為目的地來自日本各地的旅行者從未斷過,京都也需要地方資源的支持,而位處陸地中心的京都,僅能靠陸路與其他地方連繫,京都過去有好幾個與各地連結的主要出入口,尤以下面的『京都七口』最為有名:

● 鞍馬口:出雲路橋的西側。往西延伸是通往鞍馬的『鞍馬街道』。
● 大原口:河原町今出川的西側。連接『若狹街道』。
● 伏見口:五条大橋西側。連結往伏見的『伏見街道』。
● 栗田口:三条大橋西側。連結前往江戶的『東海道』。
● 鳥羽口:千本通九条。與『鳥羽街道』、『西國街道』相連。
● 丹波口:千本通七条。連接『山陰街道』。
● 長坂口:鷹峰一帶。通往『周山街道』。

青蓮院

別名『栗田御所』,屬於門跡寺院,到近代之前只有皇族的人才有資格擔任其門主(住持),雖然寺院建築多是在明治年間發生火災後重新建造的,但仍保持著御所風,十分雅致。

青蓮院的庭院有據傳是室町時代的相阿彌所作的『相阿彌庭園』以及小堀遠州所作的『霧島之庭』,另外,寺院境內還有五株被列為京都市天然紀念物的巨大楠樹,即使沒有時間入寺參訪,也絕對要在門前駐足,欣賞一下幾要遮天的大楠樹,感受自然生命的強韌與偉大。

開放時間:9:00~17:00(最後入寺:16:30)
費用:￥500

知恩院

淨土宗總本山的『知恩院』，山號『華頂山』，供奉的是淨土宗的宗祖法然上人。占地廣大、傍山而立的知恩院可以劃分為上中下三段，下方是三門、子院，本堂處於中心，法然廟則位於上段，因此拜訪知恩院最先注意到的便是那龐然的三門。1621年建立的知恩院三門是比奈良的東大寺南大門更壯大的三門，被譽為日本三大門之一。

在廣大的寺境內一一尋找忘卻傘、鶯鳴走廊、拔雀等等被稱為知恩院七不可思議的奇異景物，是探訪知恩院的最大樂趣，最後也別漏了位在寶佛殿後石階上方的知恩院大鐘，這口日本數一數二的大梵鐘。與方廣寺、東大寺的大鐘，同列日本三大梵鐘，每年除夕總是湧進大批人潮來觀賞『除夜之鐘』的敲鐘儀式。

開放時間：9:00~16:00
費用：免費參觀（方丈庭園：￥400、友禪苑：￥300、方丈庭園＆友禪苑：￥500）

除夜之鐘的『練習』

圓山公園

與八坂神社、知恩院腹地相連的圓山公園，是京都最古老的公園，也是國家級指定名勝。公園內有小川治兵衛所設計的庭園，另外還有坂本龍馬、中岡慎太郎的雕像。園內植滿櫻花，是京都人舉行花見宴會的首選地點。

開放時間：自由參觀

在八坂神社舉行的祇園祭『稚子社參』儀式

八坂神社

以除厄、保佑商業繁榮著稱的八坂神社，一年到頭都有滿滿的信徒與觀光客前來參拜，祇園這一帶的繁盛熱鬧便是起自於此，每年正月期間，湧入八坂神社參拜的信徒更是高達百萬人之多，僅次於伏見稻荷大社。

八坂神社歷史可以追溯到奈良時代以前，主祭神為素戔鳴尊，素戔鳴尊又與佛教的守護神牛頭天王被視為同一神明，是鎮疫之神，每年夏季由八坂神社主辦的『祇園祭』，便是為了驅退疫病而舉行的，由祇園當地住民、信徒們熱烈參與的祇園祭不但是京都三大祭之一，更是全日本的三大祭典之一。

開放時間：自由參觀

長樂寺

位於東山山麓的『長樂寺』，是洛陽三十三所觀音靈場之一，因為景色秀美，『今昔物語』、『平家物語』等古代經典著書都有描寫過該寺。

由長樂寺寺門前方左轉，沿著陡峻的山道往上攀，山頂上是有名的『將軍塚』展望台。

開放時間：9:00~17:00（星期四休）
費用：￥500

高台寺

為了替豐臣秀吉祈求冥福，由秀吉的遺孀北政所寧寧建立的『高台寺』，創寺當時的建物如開山堂、靈屋等，均被列為重要文化財，而由伏見桃山城移建來的茶室『傘亭』、『時雨亭』，特別值得一看。開山堂前方有一片寬廣的池泉式庭園，相當美麗。

開放時間：9:00~17:00
費用：￥600

洛匠

店側的庭院有長形池塘，肥美的大錦鯉悠游其間，是該店店招。必點的是加入了丸久小山園抹茶粉特製而成的『草蕨餅』￥720，一端上桌，濃烈的黃豆粉香氣立刻撲鼻而來，黃豆粉下的綠色蕨餅軟滑的口感讓人一吃上癮。

營業時間：9:30~18:00
公休日：不一定

文之助茶屋

臨近八坂塔，最有名的是甜酒跟蕨餅。在冬天的刺骨寒風中最適合來杯熱呼呼的甜酒￥490，而夏季限定的『田舍冰』￥830內藏文之助茶屋的特製蕨餅，上頭盛上一大球黃豆粉口味的冰淇淋，是別處吃不到的絕妙口味。天氣好時，不妨選擇坐在面向外庭的緣廊。

營業時間：10:30~17:30
公休日：不一定

八坂塔

佇立在街中的五重塔『八坂塔』，是古蹟『法觀寺』的中心建物，高 49 公尺，僅次於東寺、奈良興福寺五重塔。戰國時期，一統天下的地方大名，會在入京的同時在八坂塔上高揭自己的旗幟，昭示世人誰是當今天下最新的統治者。

塔的內部常時對外開放，傳說聖德太子曾在如意輪觀音的指示下在五重塔的基底納入舍利子，這雖然無法親眼確認，不過倒是可以看到自飛鳥時代留下來的礎石。

開放時間：10:00~16:00
費用：￥500

清水寺

以清水舞台聞名世界的『清水寺』，開創於奈良時代，是日本最重要的觀音靈場之一，『西國三十三所觀音靈場』、『洛陽三十三所觀音靈場』都有列入其名，但清水寺供奉的觀音本尊『十一面千手觀音』，因為是秘佛並不開放拜觀，每 33 年才開龕一次，下一次公開是 2033 年。除此之外，國家名勝的『成就院庭園』、『田村堂』、『朝倉堂』等都不對外開放或只在特定期間開放參觀，然而光是為了觀賞那別名為『清水舞台』的清水寺本堂的觀光客，便已經是不分四季早晚絡繹不絕了。

音羽之瀧

從清水舞台可以眺望京都市街，天氣好時甚至能夠望見大阪，特別是黃昏時候從這裡看太陽西沉，美不勝收。而經過阿彌陀堂到奧之院，可以清楚看見清水舞台聞名於世的『舞台造』結構，走到寺境的更南邊，還有一略小的三重塔『子安塔』，從這裡則可以望得整個清水寺的全貌。

從本堂東側的石階下來，是『音羽之瀧』，湧自音羽山的『音羽之瀧』是清水寺寺名的由來，飲用此水據說可以增加智慧，也因此成為了清水寺的另一觀光焦點。

開放時間：6:00~18:00　費用：￥400

地主神社

位在清水寺本堂北側的神社，與清水寺一同被列入世界遺產，更以緣結神社聞名，境內人潮不輸清水舞台的人群，許多人都爭相來此向該社主祭的大國主神祈求良緣。

特別有名的是社殿前的『戀占之石』──兩顆相距大約十公尺的大石頭，傳說如果能閉著眼睛從這一顆走到另一顆石頭，就能實現心中願望，成就理想戀情。

境內的『地主櫻』也很出名，美麗的櫻花過去曾讓嵯峨天皇三度命御輦回頭。

開放時間：9:00~17:00

費用：免費參觀

● 相國寺

葵橋

出町橋 河合橋

出町柳

今出川

加茂大橋

今出川通

本田味噌

虎屋

梨木神社

盧山寺

河原町通

● 京都御所

上長者町通

護王神社

京都御苑

荒神橋

近衛通

聖護院

京都府疔

St Agnes教堂

歷史資料館

神宮丸太町

熊野神社

釜座通

丸太町通

寺町通

下御靈神社

六盛茶庭

竹尾町通

丸太町站

革堂

京都

夷川通

二条通

一保堂

二條通

新町通 衣棚通 室町通 両替町通 東洞院通 高倉通 間之町通 柳馬場通 堺町通 富小路通 麩屋町通 御幸町通 寺町通

村上開新堂

京都國立

押小路通

京都市役所前

御池通

御油大橋

川端通

起點 終點

古川町商店街

平安朗

御池通

烏丸御池

東山三条

三条京阪

花見小路通

一澤信三郎

東山

油小路通 小川通 西洞院通

京都文化博物館

六角堂

新京極通

木屋町通

縄手通

白川

行者橋

新橋通

四條通

烏丸

河原町

祇園四条

八坂神

御蔭通

白川通

京都大学

知恩寺

京都大学

茂庵

吉田神社

一条通

吉田

銀閣寺

真如堂

哲学の道

安楽寺

靈鑑寺

鹿ケ谷

金戒光明寺

鹿ケ谷通

若王子神社

平安神宮

岡崎

永觀堂

都會館 京都市美術館

京都市動物園

立近代美術館

疏水紀念館

南禪寺

殿 神宮道 無鄰庵

水路閣

光秀首塚

就上

橋 青蓮院

知恩寺

坤社

圓山公園

岡崎、御苑

　　岡崎與御苑，分別位於鴨川兩側，岡崎一區有
著為數眾多的美術館，御苑是天皇居處所在，加上
京都大學、同志社大學這兩所名校也位於此間，讓
這裡總是充滿著文化氣息、學術氛圍。

　　沿著楊柳搖曳的白川溯流北上，迎向的是擁
有華麗殿宇、美麗庭園的『平安神宮』，由平安神
宮坐鎮的左京區岡崎，屬文教藝術地區，美術館並
立，努力向世人展示傳統與現代之美。續往北行，
碰上的是金戒光明寺與真如堂，以及有八百萬神明
坐鎮的吉田山，可以選擇在金戒光明寺連綿牆海中
踅步而行，或是爬上吉田山來一杯香醇咖啡。

　　經今出川通，越過賀茂大橋，從鴨川的東岸移往鴨川西岸，到達腹地廣大的『御苑』，
這裡不但是坐擁茂盛綠意的國民公園，還是天皇象徵的住居，京都府的政務中心『京都府
廳』也在這附近。

『京都市立美術館』

平安神宮的大鳥居

總距離：約 13 公里
難度：★☆☆

路線：

東山三条 ──0.4km──→ 行者橋 ──1.2km──→ 平安神宮 ──1.5km──→ 金戒光明寺 ──0.5km──→ 真如堂

──0.6km──→ 吉田神社 ──2.6km──→ 京都御苑 ──1.6km──→ 京都府廳 ──1.5km──→ 革堂 ──1.6km──→ 東山三条

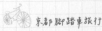

最後來到迷人的寺町通，過去的寺町通因為寺廟眾多而得名，現代的寺町通擁有更多的樣貌，可以是電器街、商店街、書香四溢的古書店街，從丸太町通到御池通這一段，不僅有值得細細參觀的古老社寺，還有一保堂茶鋪等老鋪林立。

這一帶地形平緩，舒適易行，只有金戒光明寺、吉田山周圍有高低起伏，值得停下一看的點也相當多，非常適合騎腳踏車巡遊。

古川町商店街

臨近知恩院，位在東大路以西，北起三条通，南與白川相接，過去曾被稱作『東之錦』（意即『東邊的錦市場』）繁榮一時，現在則是飄蕩著悠然氣氛、帶有大正風情的町民商店街，以食品材料與生活用品的販賣為主。

一澤信三郎帆布

堅持『京都製作、京都販賣』，全日本僅此一家別無分號的手工帆布包店，店裡總是擠滿了來自各地的客人。該店的帆布包使用高級的本麻厚布，質感絕佳，堅固耐用，簡素的外型，受到不分男女老少的廣大喜愛。

『信三郎帆布』是『一澤帆布』前代會長的三男在2006年創立的新品牌，隨著複雜的繼承問題終於解決，三男拿回『一澤帆布』的繼承權，2011年4月『信三郎帆布』正式搬回『一澤帆布』的老店鋪，並開始重新生產『一澤帆布』LOGO的商品，新舊兩品牌共存，算是皆大歡喜的結局。

營業時間：9:00~18:00
公休日：星期二

行者橋

知恩院古門前、橫跨在白川上的小橋，本名『古川町橋』，
比叡山上的修行者們返回京都都會行經此橋，因此又被稱作
『行者橋』。架構、外型皆簡單的行者橋，橋長 12 公尺，
寬不及 70 公分，兩側沒有扶手及欄杆，勉強可以牽著腳踏
車通過，偶爾也有直接騎車通過的勇者出現。

行者橋的下流還有同樣充滿古代風情的『古門前橋』。

開放時間：自由參觀

明智光秀首塚

傳說是戰國武將明智光秀的
首塚。本能寺之變後，遭到
征討戰敗而亡的明智光秀，
身首被分離，頭顱被帶到這
裡埋了起來。

開放時間：自由參觀

平安殿

平安神宮前的和菓子老舖，店裡的『平安殿』、『栗田燒』、『應
天門』、『橋殿』等用岡崎著名景點取名的小點心，各有
特色，可在試吃之後，決定要帶哪一種走。推薦『そ
すいもち』¥110，羽二重餅外裹黃豆粉，令口齒
留香。

營業時間：9:30~18:00
公休日：星期一（遇國定假日則營業）

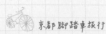

平安神宮

為慶祝建都一千一百年而建立的平安神宮，
重現了當初桓武天皇所建設的平安京朝堂
院等建築。廣達萬坪的『平安神宮神苑』
內，種滿四時花卉，以四月的櫻花與六月
的鳶尾最為吸引人。神苑裡移建自御所的
『尚美館』與『橋殿』，以及由三条大橋
橋墩打造的踏石橋『臥龍橋』，也都很值
得一訪。每年不同時期，在平安神宮會舉
行各種祭事與活動，像『紅櫻音樂會』、『薪
能』、『時代祭』等，逐漸成
為了京都不可欠缺的風物詩。

開放時間（境內）：6:00~18:00（3/15~9/30）、6:00~17:30（3/1~3/14、
10月）、6:00~17:00（11月~2月）
開放時間（神苑）：8:30~17:30（3/15~9/30）、8:30~17:00（3/1~3/14、
10月）、8:30~16:30（11月~2月）
費用：免費參觀（神苑：￥600）

六盛茶庭

是高級京料理名店『六盛』內附設的咖啡廳，專門提供法式甜
點舒芙蕾。點餐後需等待超過二十分鐘後，現烤完成的舒芙
蕾￥810才會上桌。一邊回味方才的旅行或是計劃接下來的
路程，一邊靜心等待熱呼呼軟綿綿的舒芙蕾烘烤完成。

營業時間：14:00~17:00
公休日：星期一（遇國定假日
則營業）

熊野神社

由紀州熊野大神勸請過來的分社，著名京菓子『八橋』的兩大老鋪『聖護院八橋』、『本家西尾八橋』的本店都在這附近，在神社的一角還有『八橋發祥之地』的石碑。

開放時間：9:00~17:00
費用：免費參觀

得到日本足球協會『認證』的足球御守

金戒光明寺

京都人暱稱為『黑谷先生』的『金戒光明寺』，在幕末時期一度成為會津藩藩主松平容保的駐軍基地，以守護京都維持京都的治安。位在山丘間的金戒光明寺，雖然不是著名的觀光寺院，景致卻是絕佳，由下往上登上石階，巍然山門霍地出現眼前，廣大的寺域裡尚有御影堂、方丈等雄偉建築。

開放時間：9:00~16:00
費用：免費參觀

位在墓地中的『文殊塔』

真如堂

從金戒光明寺往北行便會來到『真如堂』，該寺的正式名稱為『真正極樂寺』，當親眼看見彷彿連天空都要燃燒起來似的紅葉美景時，的確會讓人忍不住脫口大讚『極樂！』，是京都著名的賞楓地點。該寺供祀的本尊阿彌陀如來又被稱作『點頭阿彌陀』，傳說當慈覺大師向祂祈求『請守護修行者』，佛像卻搖起了頭，改祈求『請拯救眾生，特別是女性』時，阿彌陀如來才頷首接受。

開放時間：9:00~16:00
費用：免費參觀（本堂：￥500）

吉田神社

位在吉田山山上的神社。吉田神社的節分
祭典非常有名，一連三天的活動，最引人
注目的便是第二天傍晚的『追攤式』，以
及第三天深夜的『火炉祭』。境內還有奉
祀菓子之神『菓祖神社』與料理之神的『山
蔭神社』等，深受京都職人所信仰。

開放時間：9:00~17:00
費用：免費參觀

深受料理人信仰的山蔭神社

茂庵

位在接近吉田山山頂的地方，過去曾作為茶室利用，如今二樓
改建為咖啡廳，一樓則繼續提供茶道活動使用。從二樓的窗外
放眼而出，是一整片的綠意，正適合來個
悠然的下午茶。最好在日落前下山，否
則就要在漆黑的森林裡找路了。
Pita三明治套餐￥1,300， 咖啡￥550。

營業時間：11:30~18:00（L.O.17:00）
公休日：星期一
（遇國定假日則隔日休）

知恩寺

六百年前京都瘟疫橫行，為了止病息災，知恩寺誦經百萬遍，之後
疫病果然退散無蹤，天皇於是下賜了『百萬遍』這個名字，從此知
恩寺又被稱為『百萬遍知恩寺』，『百萬遍』同時也成為這一帶的
地名。知恩寺最有名的是每月固定舉行的『手作市』以及每年一度
的『秋季古本祭』（舊書市集）。

開放時間：9:00~16:30
費用：免費參觀

知恩寺的古書市集

相國寺

從車潮人流往來不息的今出川通轉入相國寺，立刻進入一個安祥靜謐的世界，相國寺由室町時代的將軍足利義滿所建立，是大名鼎鼎的銀閣寺、金閣寺的大本山（佛教特定宗派中被賦予領袖地位的寺院），寺內的『承天閣美術館』收藏了眾多相國寺與其子院的寶物。

開放時間：10:00~16:00
費用：免費參觀（法堂＆方丈＆浴室：￥800、承天閣美術館：￥800）

御苑裡花木繁盛，四時景色宜人，是賞櫻看楓的好去處。

沿著前人留下的輪痕，前進起來會輕鬆許多！

京都御苑

位在京都中心、一座由石牆圍成的綠色公園，苑內有昔日天皇住居的『京都御所』，以及『大宮御所』、『仙洞御所』、『迎賓館』等皇邸，原本存在於御所周圍的公家房舍則在明治年間隨著遷都東京被撤去。20世紀中期才對一般民眾開放的京都御苑，如今是深愛京都人喜愛的國民公園，不論是運動、散步或是遛狗，都會來到這裡，也有許多為了抄近路而穿過御苑的步行者，有趣的是，御苑內的砂質路面，對腳踏車來說應該是一大阻礙，但長年來穿經京都御苑的腳踏車已經在這裡留下了專屬的『道路』——被戲稱為『御所細道』的腳踏車輪痕。要騎腳踏車通過御苑，沿著前人留下的輪痕前進，會輕鬆許多！

開放時間：自由參觀，參觀御所必須先向宮內廳事務所預約申請
（宮內廳參觀案內 HP：http://sankan.kunaicho.go.jp/guide/kyoto.htm）

梨木神社

穿過京都御苑旁彷彿綠色隧道的參道來到
『梨木神社』，神社祭祀的是明治維新時期
守護住京都御所的三條実萬、実美父子。神
社境內種滿了萩花，每到九月中下旬，紅色
白色的萩花競開，不負其『萩之宮』的美名。
境內水井湧出的『染井之水』，是京都三名
水之一，時常可見來汲水的人們。

開放時間：6:00~17:00
費用：免費參觀

京都三名水中唯一現存的『染井之水』

盧山寺

經過歷史學家考據，『盧山寺』的位置正好是一千
年前《源氏物語》的作者紫式部的宅邸所在，該寺
因而聲名大噪。寺裡的『源氏庭』，由白砂與青苔
構成，六到九月，可以欣賞庭園內盛開的桔梗花。

開放時間：9:00~16:00（1/1、2月上旬、12/31 休）
費用：￥500

虎屋菓寮

創業近五百年的
虎屋，以羊羹出
名，本店雖在東
京，不過卻是發
跡於京都，在明
治維新之後才跟
天皇遷往東京。
位在御苑西側的『虎屋菓寮』提供舒適的空間，可以一邊
觀賞它的庭園，一邊品嘗它那質價均高的甜品。可在店鋪
選購整條的羊羹，其中白味噌口味跟黑豆黃粉口味的『小
形羊羹』￥260 只有京都店獨賣。

營業時間：平日 11:00~18:00（L.O.
17:30）、周末例假日 10:00~18:00
（L.O. 17:30）
公休日：正月過年

本田味噌

創業於一百七十年前的天保年間，曾上獻給皇家，是京都最具代表性的味噌老店。主力商品『西京白味噌』500 公克￥648，另外創新的『一わんみそ汁』（碗味噌湯）￥216 也很受歡迎，只要將麩餅剝開以熱水沖泡，就是一碗熱騰騰的味噌湯，美味遠遠凌駕在一般沖泡味噌湯之上。

營業時間：10:00~18:00
公休日：星期日

護王神社

主祭神為奈良時代末期功德兼備的名官『和氣清麻呂』。話說和氣清麻呂一度遭到流放，在流放途中被刺客襲擊，驚險之際中出現數百頭的山豬救了他一命，也因此擔任護王神社護衛的並非一般的『狛犬』，而是山豬外型的『狛豬』，護王神社又被稱為『山豬神社』。

開放時間：6:00~21:00
費用：免費參觀

St.Agnes 教堂

明治時期的基督教代表建築。與平安女學院相連，建造於 1898 年，是京都市指定有形文化財之一。

開放時間：外觀自由參觀

京都府廳舊本館

明治 37 年竣工的文藝復興式
建築，左右對稱的建築樣式，
乍見之下還會錯以為是歐洲
貴族豪邸呢！事實上卻是京
都府的行政辦公廳。

本館中庭有壯觀的枝垂櫻，每年春季特定期間會舉行賞櫻會。

開放時間：10:00~17:00
休館日：例假日
費用：免費參觀

下御靈神社

位在寺町通上、革堂旁側的『下御靈神社』，與位在
相國寺北邊的『上御靈神社』相對應，主要奉祀的是
『八所御靈』，八柱祭神中以在平安遷都故事中擔任
重要角色的早良親王，以及左遷九州含怨而死的菅原
道真名氣最高。

開放時間：6:00~20:00
費用：免費參觀

從平安時代甚至是更遠早的古代起，就存在著一種『御靈信仰』，京都的上御靈神社、下御靈神社便是御靈信仰中具代表性的存在之一。『御靈』其實是『怨靈』的意思，古代的人們將無解的天災與瘟疫視為無辜死者的崇念，特別是那些捲入政爭受牽連而死的人們身分尊貴，上至皇太子、皇后下到貴族大臣，他們的執念跟力量恐怕更強更大吧！不加以安撫，恐怕引發難以想像的災害，若是慎重地將其視為神明加以奉祀，就能為社會帶來繁榮安定，因此產生了所謂的『御靈信仰』。

祭祀早良親王的崇導神社

同樣供奉八所御靈，位在鞍馬口附近的上御靈神社

兵家必爭之地、皇權中心的京都避免不了禍亂，因此京都御靈神社四立也就不奇怪了，像是為了撫慰受政爭而死的冤魂所建立的上、下御靈神社，奉祀的都是與京都關係極深的冤魂，如早良親王、崇德天皇、菅原道真等等，其他像北野天滿宮、白峰神社等也都是御靈神社。

革堂

『西國三十三所』中第十九番札所的『行願寺』，通稱『革堂』，
本尊為千手觀音。

位在寺町通上的革堂，被兩旁的建物包夾，只露出山門，進入之後，
會發現另有一番天地。

開放時間：8:00~16:30
費用：免費參觀

一保堂茶舖

創業於兩百九十
年前，提供上等
京銘茶的日本茶
專賣店。茶舖內
設有喫茶室『嘉
木』，可在此享
受泡茶品茗的樂趣，服務生會仔細教導泡
茶的方法，也可以請服務生直接送
上泡好的茶。玉露￥810
起，煎茶￥702起。

營業時間：9:00~18:00
（嘉木：11:00~17:30）
公休日：正月過年

村上開新堂

京都最古老的洋菓子店，一推開店門，就彷彿走入
時光隧道。主要商品為手工製俄羅斯餅乾￥194，
另外只在11月~3月販賣的蜜柑果凍『好事福廬』
￥508，不事先預約還買不到，買到之後只能保存7
個小時，堪稱是夢幻逸品！在非蜜柑的產季，則推
出柳橙果凍￥662。

營業時間：10:00~18:00
公休日：例假日、每月第三個星期一

京都市役所 ———

即京都市政府，建造於 1930 年前後，東西對稱的典雅建築，簡約有型，長形的拱窗讓人忍不住多看兩眼。前方的空地，週末經常舉行市民市集。

開放時間：外觀自由參觀

西陣、北野

今宮神社
一和
今宮門前通
大德寺
北大路通
金閣寺
船岡山
淡交社
平野通
千本通
鞍馬口通
船岡温泉
小川通
西大路通
寺之内通
馬代通
釘拔地藏
織成館
雨宝院
宝鏡寺
終點
長五郎分舗
かま八
本隆寺
西陣
平野神社
紙屋川
上七軒
千本釋迦堂
五辻通
烏岩樓
白峯
北野天満宮
首途八幡宮
今出川通
元誓願寺通
晴明神社
北野白梅町
一条通
起點
澤屋
とようけ茶屋
長五郎本店
中立荒通
智惠光院通
大宮通
猪熊通
一条辰
堀川通

京都脚踏車旅行

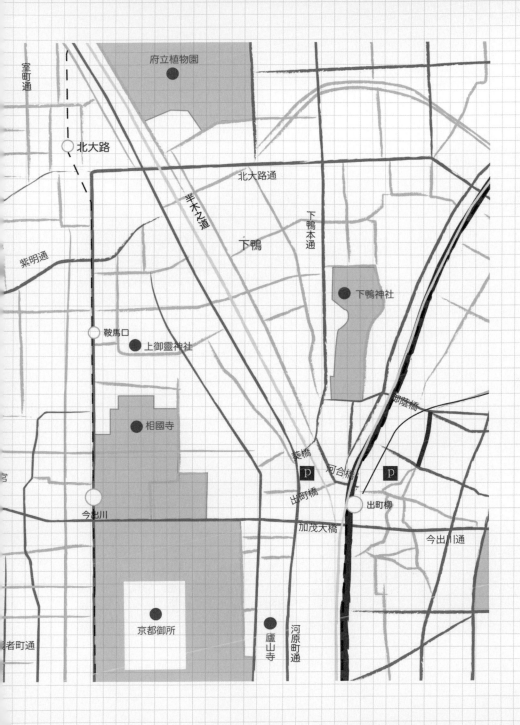

室町通

府立植物園

北大路

北大路通

半木之道

下鴨本通

下鴨

紫明通

下鴨神社

鞍馬口

上御靈神社

相國寺

御蔭橋

葵橋

P 河合橋

出町橋

出町柳

今出川

加茂大橋

今出川通

者町通

京都御所

廬山寺

河原町通

西陣、北野

　　堀川通是京都市中最適合騎腳踏車的馬路之一，寬敞的人行道上有專劃給腳踏車行走的自行車道，又有銀杏夾道，騎起來相當舒服。

　　京都的上京區，特別是北野、西陣這一帶，可以說是保留傳統京都最多的一區，白天聽得見機杼聲，晚上則傳進小心

西陣織成館週邊的風景

火燭的梆子聲，不似東山或祇園帶著濃重的觀光感，而是能感受到更深一層的京都，更貼近京都的日常風貌。

　　『西陣』屬於通稱的地名，以生產西陣織而聞名，位在上京區與北區之間，雖然未明確劃定其範圍，但大概是從堀川通到七本松通、鞍馬通到中立売通之間的這一帶。西陣一名源於應仁之亂當時，東西兩軍對峙，西軍以此為作戰本陣，故而被稱為『西陣』。因生產西陣織而繁盛一時的西陣，不但造就出了上七軒花街，更是日本最早出現電影院的地方。而與西陣相連的『北野』，一樣是屬於通稱的地名，因為位於御所北方，故稱『北野』，有聞名全國的北野天滿宮坐鎮其間。

曾經日入斗金的西陣過去又被稱為『千兩之辻』

道路平坦寬敞的堀川通

該區很多細小的巷路，路口多無號誌，要小心突
然出現的車子跟行人。

總距離：約 9 公里
難度：★☆☆

路線：

一条戻橋 →0.2km→ 晴明神社 →2.2km→ 大德寺 →0.6km→ 今宮神社 →0.8km→ 壬船岡山 →1.9km→ 釘拔地藏

→0.5km→ 雨寶院 →1.3km→ 北野天滿宮 →0.4km→ 平野神社

一条戻橋

鼎鼎大名的一条戻橋，是京都著名的
靈異景點，跟它有關的故事說之不盡，
像是平安時代僧人淨藏的父親在這座
橋上死而復生與兒子做了最後的交談、
源家的武士渡邊綱在這裡被鬼女襲擊
等等，還傳說橋下住著晴明的式神們，
如今橋以南的堀川經過重新整備，一掃
過去的陰暗感，成為適合散步乘涼的
親水公園，隨著大人小孩的笑聲四起，
那些靈魅們是否已經另遷他處了呢？

開放時間：自由參觀

今日的堀川

晴明神社

平安時代的大陰陽師安倍晴明身歿不久,當時的天皇即下令在晴明的住所位置建立這座供奉他的神社,其崇高地位可見一斑。這些年晴明熱潮久燒不退,讓這座位在堀川通大馬路旁的小神社人氣始終居高不下。神社內外四處可見具除魔功效的五芒星社紋,境內還有一座小型的一条戾橋,是用一条戾橋原橋基石打造而成,另外繪馬舍裡所收藏的繪馬也相當值得一看,那些靠晴明公吃飯的名作家、漫畫家以及演員們都在此留下了到此一訪的紀錄。

開放時間:9:00~18:00
費用:免費

摸了之後可以改運的『厄除桃』

白峰神宮

祭祀崇德天皇與淳仁天皇,和北野天滿宮相同,屬於『御靈信仰』中的『御靈神社』。因為該處剛好是古代蹴鞠宗家飛鳥井家的舊跡,所以這裡也供奉了蹴鞠之神,許多運動員都特地來此祈求神明保佑球技進步、比賽勝利。

開放時間:8:00~17:00
費用:免費

每年七月七日的『精大明神例祭』中的『蹴鞠』活動

淡交社

京都當地的出版社，專門出版茶道與京都相關書籍，也是『京都檢定』指定參考用書的出版社。出版社社名來自『君子之交淡如水』的莊子名句。

營業時間：9:00~17:00
公休日：例假日

大德寺

『大德寺』是京都規模數一數二、歷史悠久、地位崇高的古蹟，擁有為數眾多的國寶與文化財，境內有超過二十個以上的子院，時常對外開放的只有龍源院、瑞峰院、大仙院、高桐院四寺院，大部份不開放參觀，但光是沿著寺牆漫步其間，悠看老松寺門，就是無上的享受。

開放時間：境內自由參觀（龍源院 9:00~16:30、瑞峰院 9:00~17:00、大仙院 9:00~17:00、高桐院 9:00~16:30）
費用：龍源院￥350、瑞峰院￥400、大仙院￥400、高桐院￥400）

『龍源院』的石庭

Topic 京都檢定

由『京都商工會議所』主辦的『京都觀光文化檢定』，簡稱『京都檢定』，自 2004 年開辦之後就一躍成為全日本知名度最高的城市檢定。

每年一次的考試，主要測驗考生對京都的熟稔程度，歷史、神社寺廟、庭園、建築、美術、傳統文化、祭典、自然、料理等都是出題範圍，考試分 1 到 3 三級，1 級最難，3 級最易，3 級的及格率約 50%，1 級的及格率則僅 10% 左右，難度頗高，讓不少京都通都摩拳擦掌，想要一試自己的真正實力。

今宮神社

『今宮神社』是這一帶的土地神，以鎮祭疫病聞名，每年四月定例舉行的『やすらい祭』與鞍馬火祭、廣隆寺牛祭並列為京都三大奇祭。

境內有一顆『重輕石』，又被稱為『神占石』、『阿保賢』。『使用方法』是：先輕撫石頭三次，然後拿起放下，許下願望後，再撫石三次，之後拿起石頭，如果石頭比前一次拿起時輕了，代表心中願望能夠實現。靈驗嗎？歡迎驗證。

開放時間：自由參觀

一和（一文字屋和輔）

位在今宮神社東側參道上的茶店，只賣あぶり餅（烤麻糬）一味。撒上黃豆粉的麻糬以備長炭烤到微焦，再淋上鹹鹹甜甜的味噌醬，除了美味之外，據說還有除厄的功效，一份￥500。
營業時間：10:00~17:00
公休日：星期三（遇 1 號、15 號則隔日休）

對面一樣是賣烤麻糬的店家，同樣歷史悠久，兩方都嘗試的大有人在

船岡山

位於京都北區，標高 111.7 公尺的小山，從西北面的登山口進入，不用五分鐘就能抵達山頂，是觀賞五山送火的絕佳場所。西側是船岡山公園，東側則有奉祀織田信長的『建勳神社』。

據說平安京建都之時，便是以這裡為基點，平安京中心南北大道的『朱雀大路』（如今的千本通）即是由此延伸出去。

開放時間：自由參觀

祭祀織田信長的建勳神社

西北側的登山口

從山頂可以眺望京都市街

船岡溫泉

位在船岡山南麓的湯屋，前身是料理旅館『舟岡樓』，現在以大眾澡堂的形式經營中。大正時代的建築很有傳統風情，豪華的脫衣室依然維持當初的樣子，完全符合人們想像中的京都浴場。在這裡一邊欣賞著華麗的裝潢，一邊泡湯除去疲憊，度過一段奢侈的時間。

營業時間：15:00~1:00（例假日：8:00~1:00）
公休日：無
費用：￥430

釘拔地藏 (石像寺)

傳說很久以前有個商人一直為莫名的手痛所苦，有天晚上地藏出現在他的夢中，為他拔去了刺穿他手的釘子，隔日商人醒來手痛真的消失不見，他立刻趕去地藏菩薩的廟宇，果然看見兩支被拔出的長釘。

深受當地住民所信仰的釘拔地藏，經常可見不斷環繞本堂祈願的人們，靈驗與否，看本堂外壁上毫無間隙地掛滿了信徒還願奉獻的長釘與拔釘夾就明白了。

開放時間：8:30~16:30
費用：免費參觀

織成館

由西陣的織物老店所改裝的織物展覽館，館內展示西陣織以及日本各地的織物與能劇服裝等。織成館所在的這一帶，經過用心整備，相當有風情，值得細細遊覽。

開放時間：10:00~16:00
入館費：￥500
休館日：星期一

雨寶院

原本是只有京都人才知道的賞櫻景點，近年名氣大開，拜訪的人增加不少。境內不大，卻集合了好幾幢寺宇建築與各路神明。被喚作『時雨之松』的古松幾乎覆蓋全境，春天時櫻花紛落如雪，寺內色彩繽紛，恍若仙境。

開放時間：6:00~17:30
費用：免費參觀

本隆寺

1788 年的天明大火將當時的京都燒去了大半，本隆寺的本堂、祖師堂卻奇蹟似的逃過一劫，被當地人稱為『不燒寺』。本隆寺的祖師堂前有一株『止泣之松』，據說將松樹皮放在枕頭底下，能讓夜裡哭鬧不停的嬰孩停止哭泣。

開放時間：6:00~18:00

首途八幡宮

原名『內野八幡宮』，後來改成『首途八幡宮』，『首途』是『出發』的意思，昔日源義經離開京都準備前往平泉前，出發時曾在此祈求神明保佑旅途平安。對義經迷而言，是探訪義經足跡不可不訪之處。

開放時間：自由參觀

鳥岩樓

午餐時間限定的親子丼￥900，長時間熬製的雞清湯更令人難忘。下次或許可試試高價位的水炊料理（雞湯火鍋）￥6,000 起。

營業時間：12:00~14:00，17:00~20:00
公休日：星期四

かま八

位在千本通以東，五辻通淨福寺的『かま八』是深受西陣當地人所愛的甜點老鋪，銅鑼燒『月心』￥200 是かま八的招牌點心，用料實在的黑豆長崎蛋糕￥600 也非常受到歡迎，經由電視節目介紹之後，更是知名度大開。

營業時間：8:30~18:30
公休日：不一定

上七軒

京都五花街之一，一開始時只有七間茶屋並立，故稱『上七軒』。每年夏天（7月~9月）在『上七軒歌舞練場』的庭園開辦的『Beer Garden』，是難得不用以高消費便能與舞妓們近距離接觸的機會。

夏日限定的 Beer Garden，時間 17:30~22:00，最低消費￥2,000

北野天滿宮

蒙受冤罪被下放到九州的菅原道真，自他含恨死在異鄉後，京都便落雷不斷，人們認為是他作祟引起，為了告慰他的靈魂，特別建立了北野天滿宮。因為他生前是一位大學者，被視為是學問之神，受到全國考生崇敬。北野天滿宮內有不少的臥牛石像，由來說法很多，不過據說撫摸過牛頭後，再把手碰觸自己的頭，便能將菅原公的聰明才智傳給自己。

因為菅原公愛梅成癖，北野天滿宮不僅以梅花圖案為社紋，境內更植滿了梅樹，每到二月，各色梅花綻放，美不勝收。

開放時間：夏 5:00~18:00、冬 5:30~17:30
費用：免費參觀

神社境內成千上萬的繪馬板上滿是祈求考上理想學校的心願

とようけ茶屋

『とようけ山本』是當地人也大排長龍的豆腐名店，後來在北野天滿宮對面開了這間提供現做豆腐料理的餐廳，使用自家豆腐做成的豆腐丼『とようけ丼』￥756 最有人氣，它的『湯豆腐膳』￥1,188 也比南禪寺附近的湯豆腐名店來得實惠。到這裡用餐，要有排隊的心理準備。

營業時間：11:00~15:00
公休日：星期四（遇 25 號則營業）

粟餅所澤屋

北野天滿宮正門前的『粟餅所澤屋』，創業於三百二十年前，招牌的『粟餅』使用原料為小米，因此口感跟一般麻糬不太一樣。
一份粟餅￥550，包含三個紅豆口味跟二個黃豆粉口味，點餐之後要稍等一會，現做的麻糬才會上桌。

營業時間：9:00~17:00
公休日：星期四、每個月 26 號（遇例假日則營業）

長五郎餅本店

北野天滿宮附近的另一傳統菓鋪，招牌的『長五郎餅』由羽二重餅製成的外皮非常有彈性，是來到北野必品嘗的一味。本店位在一条七本松，每月 25 號以及梅花季節的例假日，在北野天滿宮境內的分鋪會特別開店營業。長五郎餅附煎茶，一份￥380。

營業時間：8:00~18:00
　　　　　內用：11:00~15:00
公休日：星期四

北野天滿宮境內的長五郎餅分鋪

平野神社

平安京建都之際由桓武天皇自奈良延請過來的『平野神社』,是一座歷史古老的神社,深受皇室崇敬,更以櫻之神社聞名。社殿在亂事中幾經重建,目前的建築是江戶寬永年間建造的,採獨一無二的『平野造』樣式。拜殿裡裝飾有三十六歌仙的畫。

開放時間:6:00~17:00(櫻花季到 22:00)
費用:免費參觀

鳥居本

遍照寺山 ▲

周山街道

山越通

清滝川

大覺寺
● 大沢池

広沢池

有栖川

清凉寺
●●
森嘉

新丸太町通

鳴瀧

常盤

老松

太秦

野宮神社 ●
嵯峨嵐山
鹿王院
車折神社

天龍寺 ●
嵐山站
嵐電嵯峨
● 鹿王院
● 車折神社
有栖川
帷子之辻
広隆寺

● 嵐山本店
三条通

松竹映画

大堰川
渡月橋

西高瀬川
● 蛇塚古墳

嵐山

木津嵐山 自行車道

有栖川

桂川

京都腳踏車旅行

起點

● 金閣寺

船岡山

平野通

鞍馬口通

寺之内通

上立亮迶

龍安寺

等持院

馬代通

紙屋川

北野天満宮

元誓願

仁和寺

京小物衣笠

● 福王子神社

宇多野

龍安寺

等持院

北野白梅町

長五

一条通

御室仁和寺

妙心寺

西大路通

千本通

六軒町通

七本松通

下ノ森通

御前通

天神通

妙心寺

妙心寺道

JR嵯峨野線

(山陰本線)

花園

圓町

● 東映太秦映画村

太子道

● 蚕之社

御室川

天神川

太秦広隆寺

蚕之社

二条

終點

嵐電天神川

西高瀬川

梅津街道

天神川

山之内

西大路三条

洛西

這一帶有許多知名的觀光景點，像是金閣寺、龍安寺等，沿著名寺林立的衣掛之道往西行，通往的是風景勝地的嵐山。

先從『衣笠』出發。位於北區、右京區交界的『衣笠山』是這一帶地名的由來。話說昔時宇多天皇想要在夏天欣賞雪景，於是命人在衣笠山掛上白絹，望上去就像是白雪覆頂，

起伏劇烈的衣掛之道

衣笠山從此又被喚作『衣掛山』，沿著山麓的這一段路則被稱為『衣掛之道』。金閣寺、仁和寺、龍安寺等名寺都聚集在此區，不論是淡旺季，觀光人潮都不少。

經過廣澤池、大覺寺，往南轉下便是『嵐山』。嵐山地區從平安時代起就是明星級的觀光勝地，這一點至今未變。天龍寺、渡月橋、野宮神社等名聲響亮的景點都在此處。

而嵐山以西，『太秦』這一帶是古墳時代的移民秦氏一族的根據地，他們帶來了大陸的養蠶、織布、建築、治水等高度技術。附近的廣隆寺、蚕之社皆是與秦氏淵源深厚的寺社。

廣澤池與大澤池之間是成片的田野，初秋景色動人

路況方面，前段路線因為是沿著衣笠山南麓，所以起伏劇烈，會突然出現急降的坡道與彎度大的轉彎，在小心行人與過往車輛的同時，也要注意速度，不要衝太快。衣掛之道跟京都中心的街道不同，並不平緩，但名寺連立，風景秀麗，非常值得走上一遭。到了嵐山一帶，觀光客非常眾多，要注意行人。

至於回程，可以走三条通回洛中，或是選擇路況平穩的丸太町通，只是丸太町通上的景點不若三条通精彩。行走於三条通時，偶爾還會與舊名為京福電鉄的『嵐電』平行前進，有時還能跟可愛電車一起等紅燈！兩條要道車流量都不少，要注意交通安全。

行走於三条通的路上電車『嵐電』

路線：

金閣寺 →1.5km 龍安寺 →0.6km 仁和寺 →2.6km 廣澤池 →1.0km 大覺寺 →0.8km 清涼寺 →0.8km 天龍寺

→0.3km 渡月橋 →1.1km 車折神社 →1.7km 廣隆寺 →3.4km JR二条車站

總距離：約15公里

難度：★☆☆

金閣寺

正式名稱為『鹿苑寺』，因中心建物的舍利殿『金閣』太過深植人心，因此又名『金閣寺』。原是大將軍足利義滿的『北山邸』，在他歿後依其遺願，留下舍利殿轉為禪宗寺院，『鹿苑寺』一名便是源自他的法號。北山文化代表建築的金閣寺，共有三層，每一層建築樣式迥異，第一層為寢殿造，第二層則是書院造，第三層以禪宗的佛殿風呈現。金閣之美，『鏡池湖』的襯托功不可沒，以鏡池湖為中心的庭園亦是國家指定名勝，池中的島、石，池畔的松、苔，每一樣都是這舉世聞名的金閣寺不可割除的一部分。

金閣寺雖然在燒毀了大半個京都的應仁之亂中逃過一劫，屹立了五百年之久，卻在 1950 年遭到人為縱火，好不容易避過戰災，卻躲不開人禍，珍貴殿閣盡燒，僅留下屋頂的金銅鳳凰與『究竟頂』區額。現在的金閣是在 1955 年重建，但依然不減其價值，1994 年堂堂地進入世界遺產之列。

開放時間：9:00~17:00
費用：￥400

Topic 應仁之亂

發生於應仁元年（1467年），為期長達十一年的應仁之亂，起因為足利將軍的繼承問題，一般認為是應仁之亂將日本導入了戰國時代。當時由細川勝元所統領的東軍與山名宗全的西軍，兩軍長期對抗，亂事後來甚至擴及全日本。

應仁之亂起於上御靈神社門前

船岡山也是應仁之亂的戰場之一

京都在長年的戰亂下，被燒成一片焦土，物質匱乏以外，流行病也開始肆虐，就連當初的東西兩軍統帥後來也都死於這場瘟疫之中。為了平止瘟疫，明應九年（1500年）在町眾的主導下，一度停辦的祇園祭再度恢復，而祇園祭的舉行也讓原本停滯不動的京都復興有了快速的進展。

在第二次世界大戰當中，京都幾乎沒有受到聯軍空襲，所以當京都人提起『之前那場戰爭』時，所指的並非是二次大戰，而是五百多年前的應仁之亂。

龍安寺的方丈庭園是日本的代表名庭

龍安寺

『龍安寺』最著名的便是它的石庭，僅由白砂與石塊構成的方丈庭園，是枯山水庭園的極致之作，白砂代表大海，岩石象徵島嶼，由十五塊石塊構成的這座石庭，最神奇之處在於不管從哪一個位置看，都只能數到十四塊。圍繞在石庭三面的『油土塀』也是庭園重要的一部分，從土塀探出的櫻樹隨季節顯現不同色彩，為石庭帶來四季變化之美。方丈北側往茶室的入口方向，有一設計極具意趣、刻有『吾唯知足』四字的錢形洗水石臺，彷彿是跟石塊數目永遠數不齊的石庭相呼應一般，無需求全或許才是真正的完整。

開放時間：8:00~17:00（3月~11月）、8:30~16:30（12月~2月）
費用：￥500

京小物衣笠

位在龍安寺門前，專賣和風小物，除了銷售使用西陣織、京友禪的精品之外，還有許多只有該店才販賣的限定商品。

營業時間：9:30~17:30
公休日：星期二

仁和寺

由宇多天皇開基，與皇家淵源深厚，又被稱作『御室』。寺裡建築大都由御所移建而來，如國寶級的『金堂』前身是皇居正殿的紫宸殿。仁和寺同時也是賞櫻名所，被稱為『御室櫻』的仁和寺櫻花僅高不到三公尺，被戲稱是長在鼻前的櫻花，以晚開出名，賞過了這裡的櫻花之後，對京都人而言這一年的花季便告尾聲了。

寺裡的建築群、庭園都充滿了御所風

開放時間：9:00~17:00（3月~11月）、9:00~16:30（12月~2月）、8:30~17:00（櫻花季）
費用（境內）：免費參觀（櫻花季￥500）
費用（御殿）：￥500

福王子神社

位在衣掛之道與周山街道交會處的小小神社，看似不起眼，卻有著古老歷史與豐富的文化財。仁和寺建寺以來，一直都是該寺的守護神社。

這裡也是往高雄或嵐山的分歧點，北行的話通往高雄，往西則是連接嵐山。

開放時間：自由參觀

廣澤池

周長 1.3 公里 的大池，位在距離大覺寺半公里的地方，每年冬天，在池水消失變成泥沼前，會舉行捕撈鯉魚的活動。

平安時代之前就已存在的廣澤池，從當時起便是著名的賞月場所。春櫻、秋楓、明月，這自古不變的風景，讓它成為拍攝古裝劇時最愛用的取景地，再說從攝影棚所在的太秦殺過來這裡可是很快的呢！

開放時間：自由參觀

池畔有座小小的千手觀音佛坐鎮

大澤池

緊鄰大覺寺東側的大澤池，周長約 1 公里，比廣澤池略小，是平安時代嵯峨天皇模仿中國的洞庭湖所鑿的人工池。大澤池作為離宮嵯峨院（即大覺寺）的庭池，池中設了二島一石，據說是包含了花道的形式精神在裡頭，平凡如我很難參透其中的學問，不過昔日的皇家遊園如今是人人都可親近的名勝了。

開放時間：9:00~17:00
費用：￥200

大覺寺

真言宗大覺寺派的大本山。原是嵯峨天皇的離宮，之後改成寺院，後來好幾位法皇都以此為居所，甚至直接從此發布政令，因而此處又被喚作『嵯峨御所』。和仁和寺一樣，大覺寺的中心建物也多是從御所移建過來，如伽藍中心的御影堂、宸殿等皆是。各建物間多以迴廊相連，一個回頭就彷彿瞬間穿越了時空回到平安時代，正因為如此充滿了古代情調、宮廷氛圍，大覺寺成為了古代劇取景的不二之選。

從本堂東側的平台可以眺望大澤池的明媚景色，由此坐看春櫻秋楓，好不快活。

開放時間：9:00~17:00（最後入寺：16:30）
費用：￥500

清涼寺

仿中國五台山而建立的『五台山清涼寺』，該地原本是嵯峨天皇的皇子源融的別莊所在。清涼寺以本堂內的釋迦像為本尊，這尊從印度經中國傳來等身大的釋迦像，表情、髮紋、衣式都不同於日本一般的佛像，在近代更被發現像內藏有絹製的五臟六腑，因此又被稱為『生身釋迦』。

開放時間：9:00~16:00
費用：境內免費（本堂：￥400）

森嘉

創業一百五十年的『森嘉』聞名全日本，是京都豆腐的代名詞，店前總是排著長長的人龍，從店門直接望入就能夠看到它的生產工廠，可以清楚看見員工們如往昔那樣遵從古法，一塊一塊用心製作享譽全國的美味豆腐。買塊白豆腐￥443，自己淋上醬油與蔥花涼拌吃，料亭級的美味就這麼簡單！

營業時間：8:00~18:00
公休日：星期三（遇國定假日則隔日休）

野宮神社

穿過日本唯一的黑木鳥居，來到這座被竹林環繞的小小神社，這裡是平安時代被選定為伊勢神宮齋宮的皇族之女在赴任前的滯留之地，即使齋宮制度已廢除許久，野宮神社仍深受皇室崇敬。這裡也是謠曲『野宮』的故事舞台。

開放時間：9:00~17:00
費用：免費

境內的小小苔庭也很美麗

天龍寺

嵐山的重量級景點，由大將軍足利尊氏開基，『天龍寺』寺名源自建寺之時將軍的弟弟夢見大堰川上有金龍飛舞，故而取名天龍寺。天龍寺曾經幅員廣大，擁有上百座子院，然而幾百年來火災不斷，規模逐漸變小，現存的建物多是明治時代之後重建，唯有方丈西側的『曹源池庭園』還保留了最初的模樣。以池泉、岩山、白砂構成，並借景龜山、嵐山，這座風采迷人的庭園出自設計了無數名庭的夢窓疎石之手，他同時也是天龍寺的初代住持。

穿過庭園，走過安置有後醍醐天皇木像的多寶殿，會到達天龍寺北門，從北門出去，就是嵐山著名的美麗竹林道。

開放時間：8:30~17:30（10/21~3/20 到 17:00）
費用：境內免費（庭園￥500、庭園 & 大小方丈多寶殿￥800）

老松嵐山店

京菓子老鋪，最有名的是夏季限定的『夏柑糖』¥756 與『本蕨餅』¥1,296。使用特別的夏蜜柑製作的『夏柑糖』，只在每年的 4~9 月提供，在挖空的大顆蜜柑裡，填入混合了蜜柑果汁的寒天；『本蕨餅』使用 100% 的高級本蕨粉製作，一份五小粒，一口就超過¥200！另有罐頭蕨餅¥368，是平價版。

營業時間：9:00~17:00（茶房：9:30~16:30）

公休日：無

渡月橋 ————

連結右京區與西京區，橫跨桂川的『渡月橋』，以桂川河流中央的『中之島』分成兩段，以春櫻秋楓的美景著稱，每天夜晚會點起 LED 燈，是嵐山最大的焦點之一，也是『京都八幡木津自轉車道』的起點。雖然橋墩是鋼筋結構，不過欄杆部份仍維持木造，七百年前讓龜山上皇看到月亮在橋的上空移動時彷彿正在渡越橋樑般的景致，亦如同當年，至今未變。

開放時間：自由參觀

サガパー嵐山本店

算是嵐山新名產的豆腐霜淇淋，這裡正是創始店。有豆腐、抹茶、八橋等口味，單種口味￥350，二種口味￥450，挑選自己最中意的組合，去川邊慢慢享用吧！

營業時間：10:00~17:00
公休日：不一定

車折神社

話說有一天後嵯峨天皇巡幸嵐山，御行經過神社前時車子突然壞掉無法前進，於是後嵯峨天皇封了一個『車折大明神』的神號給此神社的祭神，從此神社便改名為『車折神社』。神社境內有一座藝能神社，供奉保佑才藝精進的藝能之神，仔細尋找還能夠發現知名演藝人員所捐獻的『玉垣』。

信徒還願的『祈念神石』

車折神社最有名的是『三船祭』，每年五月都會在嵐山的大堰川盛大舉行，華麗重現平安朝的遊船風景。

開放時間：自由參觀
費用：免費

蛇塚古墳

嵯峨、太秦一帶因為開發得早，有過不少古墳，但存留至今的並不多，位在住宅區之間的蛇塚古墳是其中最具代表性的一座。這座蛇塚古墳擁有不遜於飛鳥石舞台古墳的大型石室，傳說可能是秦氏族長秦河勝的墳墓。

開放時間：自由參觀

廣隆寺

早在平安京建立之前就已經存在的廣隆寺，由聖德太子創建，同時也是秦氏的氏寺，是京都最古老的寺院。

從廣隆寺樓門進入後，參道正面迎向的是廣隆寺本堂的『上宮王院』，供奉在佛龕內的本尊『聖德太子像』，屬於非一般公開的秘佛，僅在每年的 11 月 22 日開龕。位在參道東側是 1165 年重建的講堂，是京都市內少數現存的平安時代建築，由國寶的阿彌陀來坐像坐鎮內陣中央，而廣隆寺西邊的最裡側有『桂宮院本堂』，建造年代不詳的桂宮院本堂，和法隆寺的夢殿採相同的八角圓堂設計，只在 4 月、5 月、10 月、11 月的星期例假日開放參觀外觀。除了建築之外，廣隆寺所擁有的佛像，不論是質或量都很驚人，此外，眾多珍貴的國寶、文化財都收藏在靈寶殿中。靈寶殿內國寶第一號的『彌勒菩薩半跏像』被譽為京都最美的佛像，不少人專為祂而來，菩薩像右手輕觸臉頰成思索貌，面露千古恆一的神秘微笑，另一尊略小呈相同姿勢的半跏像，則是彷彿對照似地露出泣臉，而被稱作『哭泣彌勒』，亦是國寶，其他還有不空羂索觀音、十二神將立像等，都是人類最珍貴的文化財產。

每年 11 月 22 日舉行的御火焚祭

開放時間：9:00~17:00（2 月 ~12 月到 16:30）
費用：境內免費（靈寶館：￥700）

蚕之社

正式名稱是長長一串的『木嶋坐天照御魂神社』，通稱『木嶋神社』，因為本殿的東側有一座供奉蠶神的『蚕養神社』，深受紡織業者所信仰，而以『蚕之社』之名為人所知，是京都首屈一指的古社，周圍樹林茂盛，飄溢出濃厚的歷史感。

社殿以西有一座『元糺之池』，神池中間佇立著不可思議的『三柱鳥居』。三柱鳥居由三根柱子構成，頂面成三角形，因此不管從哪一面看，都是正面。

開放時間：自由參觀

Topic 秦氏與賀茂氏

在平安京建都之前，秦氏與賀茂氏兩族便已分據京都南北，鴨川上游是賀茂氏的根據地，桂川流域則由秦氏支配，兩大氏族分頭治理兩川，也在河岸附近建立了各自的氏社（類似家廟），被早良親王的詛咒所逼迫而逃來京都的桓武天皇就在這兩大氏族的輔助下建立了新都平安京。

據傳賀茂氏是天神賀茂建角身命的子孫，安倍晴明的師父賀茂忠行、寫下《方丈記》的鴨長明都是賀茂一族的後代。秦氏一族被認為是大陸移民者的後裔，有說是秦始皇的後代，或是新羅人渡海而來，甚至可能是猶太人，無論源起為何，他們在奈京阪一帶定居，發揮了高度的建築、織布等技術而榮極一時，甚至位居高官，最有名的便是受聖德太子重用的秦河勝。

秦氏氏社的松尾大社與賀茂氏氏社的上賀茂神社、下鴨神社，社紋都是雙葉葵；和下鴨神社的『御手洗祭』相同，秦氏的蚕之社也有著在夏季的土丑之日需下水淨洗手足除災去病的傳統，古代京都兩大氏族之間的關係與連結的深厚超乎想像。

下鴨神社的『御手洗祭』

洛北

紫竹
上賀茂神社
今井食堂
神馬堂
なり田
上賀茂社家
大田神社
鞍馬街道
深泥池
宝ケ池通
宝ケ池
上賀茂
上賀茂橋
北山大橋
半木之道
東洋亭
INO BUN
北山
松ケ崎
松ケ崎筋
北山通
堀川通
府立植物園
疏水分流
大德寺
北大路
はせガわ
加茂街道
下鴨
下鴨本通
泉川
高野
下鴨神社
高野川
北大路通
出雲路橋
小川通
鞍馬口
上御霊神社
賀茂川(鴨川)
花折
叡山電鐵
P
相國寺
鴨川三角洲
P
終點
今出川
P 起點
出町柳
西陣

京都脚踏車旅行

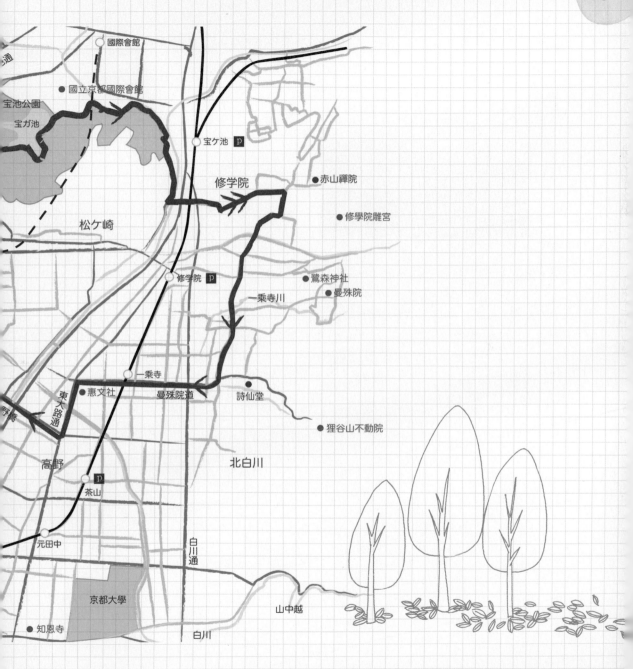

國際會館
● 國立京都國際會館
宝池公園
宝ガ池
宝ケ池 P
修学院
● 赤山禪院
松ケ崎
● 修學院離宮
修学院 P
● 鷺森神社
一乘寺川
● 曼殊院
一乘寺
● 惠文社
曼殊院道
詩仙堂
東大路通
野橋
● 狸谷山不動院
高野
北白川
P 茶山
元田中
白川通
京都大學
山中越
● 知恩寺
白川

交通繁忙的出町柳

洛北

　　從出町柳出發之前，先大吸一口兩川匯流所帶來的新鮮氧氣，然後踩緊踏板沿著賀茂川北上，準備迎接不同於京都中心的風景。

　　上賀茂一帶不但有鼎鼎大名的上賀茂神社，更有他處見不到的人文景色、自然風光。走過小橋流水的上賀茂社家，欣賞大田澤、深泥池自古不變的原生風景，再繞過簽下京都議定書的寶池公園與『妙、法』山頭，之後進入修學院地區。

　　修學院這一帶擁有許多歷史悠久的古老社寺，但因為處於比叡山山麓，起伏劇烈，沿山而行一路騎來不算輕鬆，不過卻能感受滿滿的山村氣氛。緊臨修學院的一乘寺地區，看似寧靜，卻是京都數一數二的『拉麵激戰區』，要說拉麵店一間間相連並立也不誇張，不少知名拉麵店都是從這裡起家，像是日本全國都有分店的『天下一品』，本店就在一乘寺。

總距離：約18公里
難度：★★☆

路線：

出町柳 →^{0.1km}→ 鴨川三角州 →^{3.2km}→ 京都府立植物園 →^{1.5km}→ 上賀茂神社

→^{1.6km}→ 深泥池 →^{1.6km}→ 寶池公園 →^{3.0km}→ 赤山禪院 →^{1.5km}→ 詩仙堂 →^{3.3km}→ 下鴨神社 →^{1.2km}→ 出町柳

最後前往下鴨神社，在糺之森裡享受散步的樂
趣。

　　對手作雜貨有興趣的話，可以繞道一下北山通，
地下鐵北山站附近有許多精緻的手作雜貨店與風格高
雅的餐廳。

下鴨神社的糺之森

鴨川三角州

這裡是由兩川合流所形成的 V 形地帶，面北而站，
右手邊是高野川，左邊則是賀茂川，視野開闊，空
氣更是清新。除了一般人喜歡來這裡散步、休息之
外，學生們更是偏愛在這裡舉辦活動，尤其附近就
是京都大學與同志社大學，每逢週末這裡總是特別
熱鬧，京大出身的小說家森見登美彥、萬城目學，
都曾把鴨川三角州寫入故事當中。

開放時間：自由參觀

從這裡可以看見清楚的大文字山

Topic 新世代京都小說家

　　　　　　　　　　　不再只是純文學或推理小說，以京都為舞台的
　　　　　　　　　　小說有了新的風貌。新世代京都小說家森見登美彥，
從第一本書開始，故事主題就離不開京都，成名作《春宵苦短，少女前進吧！》寫盡京都
四季行事，而作品數比他少，卻幾乎每部作品都被改編成電視、電影的萬城目學，處女作
《鴨川荷爾摩》同樣通篇不離京都。森見登美彥、萬城目學都畢業於名校京都大學，卻「不
務正業」，以自己度過顛狂大學生活的城市為背景，寫出一部部歡笑又帶淚的暢銷作品。

　　從《源氏物語》、《今昔物語集》，到《古都》、《金閣寺》，然後是《春宵苦短，
少女前進吧！》、《鴨川荷爾摩》，這座城市不僅擁有許多故事，更讓許多人想要為她
說更多故事！

加茂街道

緊貼賀茂川西岸的加茂街道，葵祭中的儀隊便是經由這裡從下鴨神社前往上賀茂神社，沿途是盎然的綠意，當華麗繽紛的葵祭隊伍通過時，就好像是活生生的繪卷一般。平時通過這條由兩旁樹木構成的綠色隧道時，自然也是說不出的舒服。

開放時間：自由參觀

はせがわ

高野川西側的超人氣洋食屋，菜色種類眾多，讓人眼花撩亂，除了基本的漢堡排、炸蝦、可樂餅等套餐外，還有淋上菠菜、南瓜等等特殊口味醬汁的漢堡排套餐。外帶到一旁的川邊吹著河風慢慢享用，也是不錯的選擇。漢堡排套餐￥1,100。

營業時間：11:15~22:00（L.O.21:15）
公休日：星期一、第三個星期二（遇國定假日則隔日休）

南瓜口味漢堡排

京都府立植物園

日本首座公立植物園，佔地24公頃，還有一座大型溫室，園內櫻花、鬱金香、牡丹、玫瑰、鳶尾花、梅花依時綻放。從園內可以眺見比叡山，也能走走川端康成的《古都》描寫過的楠樹步道。植物園的超大草坪上常見攜家帶眷來此野餐的人們。

開放時間（園內）：9:00~17:00（最後入園：16:00）
開放時間（溫室）：10:00~16:00（最後入室：15:30）
費用：植物園￥200、溫室￥200
休園日：12/28~1/4

半木之道

在植物園西邊的鴨川堤道上，
有長約半公里的『半木之道』。
半木之道上，成排的垂櫻綿延
不斷，是京都春天最美的散步
道之一。

開放時間：自由參觀

北山通

京都市最北端的東西幹道，是 1985 年才正式開通的新路，
京都府立資料館、京都表演廳、植物園、陶板名畫庭等文化
設施都在這裡呈一直線排列，對街則有雜貨店、麵包店，時
髦的現代建築與高級感的店家林立，有著與京都多數地方截
然不同的歐風氣質。

開放時間：自由參觀

東洋亭本店

提供南歐風料理，1897 年創業，是京都
最古老的洋食屋，可在開放空間一邊欣
賞府立植物園的綠意，一邊享受大餐。
招牌的東洋亭風漢堡排￥1,320，漢堡排
牛排用鋁箔紙包裹，熱騰騰的上桌，熱
氣與香氣引入胃口大開，以整顆完整大
番茄登場的番茄沙拉也不容錯過。京都
車站跟高島屋百貨有分店。

營業時間：11:00~22:00（L.O.21:00）
公休日：無

INOBUN

雜貨專賣店，京
都在地的雜貨品
牌，除了國內外
廠商所製作的精
品雜貨之外，也
販賣手作雜貨。
以京都為中心，
已發展出十多家
分店，其中規模
最大的是四條通
的本店與北山
店。

營業時間：10:00~20:30
公休日：無

上賀茂神社

正式名稱『賀茂別雷神社』，占地廣
大，氣氛莊嚴，自古以來便深受朝廷
敬仰，是地位崇高的古社。從一之鳥
居往二之鳥居的參道兩旁是開闊的草
地，同時也是舉行競馬會等神事儀式
的場所，通過二之鳥居後，算是正式
進入上賀茂神社的神域，其中細殿、
本殿、樓門等等都是重要的國寶、文
化財。細殿前的兩座錐形立砂，代表
的是雷神降臨的神山，也分別代表了
陰陽道中的陰與陽。

除了每年 5 月 15 日舉行的京都三大祭
之一的葵祭，每個月第四個星期日固
定開辦的『手作市』（手創雜貨市集）
也很有名。

開放時間：5:30~17:00（樓門內
8:30~16:00、本殿權殿 10:00~16:00）
費用：免費（本殿權殿￥500）

Topic 手作市

京都不只有鼎鼎有名的東寺弘法市、北野天滿宮的天神市，還有各式各樣的主題市集，如『古本市』、『手作市』。

至今仍保留著無數的傳統工藝，融合古典與創新的京都，再也沒有比這座城市更適合從事手創藝術的地方了，無論原本就是京都人或是從其他城市移居過來的，許多手作雜貨達人都選擇定居在京都。除了將作品寄店販賣或是自己開店之外，另一個讓自己的創作得以發表、獲人青睞的舞台就是雜貨市集。手創藝術家們透過在手作雜貨市集出攤，將自製的手工藝品、雜貨直接向客人兜售，京都的手作市中最有名的要數『百萬遍知恩寺』的手作市，固定在每個月的 15 號舉行，從最早期的個位數攤位，至今已發展成欲報名擺攤者必須抽籤來決定的大型市集，集合數百攤位的知恩寺手作市，有素人也有職業好手，不少手創雜貨家都是從這裡闖出名堂。在世界遺產『上賀茂神社』裡舉行的手作市規模也不算小，以家居雜貨、手工餅乾蛋糕等為主，氣氛輕鬆，常見攜家帶眷來逛市集的人們。

主要手作市：

● 百萬遍知恩寺手作市｜每個月 15 號 8:00~16:00
● 上賀茂神社手作市｜每個月第四個星期日 9:00~16:00
● 梅小路公園手作市｜每個月第一個星期六 9:00~16:00（一、五月以外）

今井食堂

臨近上賀茂神社，是間外觀不起眼一不小心就會錯過的小型食堂，這裡提供全京都最美味的鯖魚定食。滷到骨頭都化掉的鯖魚，依季節推出不同的漬物，再配上滿滿都是料的味噌湯，一份只要￥700。營業時間之內，店裡當然都是客滿的。例假日只提供外帶便當。

營業時間：11:00~14:00
公休日：星期三

神馬堂

上賀茂神社門前的烤麻糬店，有著醒目的黃色門簾。圓圓扁扁的麻糬烤得兩面焦脆，內包紅豆餡，常常不到關店時間就賣完了，建議一大早前往，以免向隅。烤麻糬（やきもち）￥130。

營業時間：7:00~16:00
公休日：星期二下午、星期三

上賀茂社家

所謂的『社家』指的是以神官一職相承的家族，這些家族多半居住於神社附近，而由社家所形成的群落被稱為『社家町』。上賀茂神社以東，傍著明神川而立的『上賀茂社家』，是日本最有名的『社家町』之一，這裡也是法定的傳統建築物保存區。

開放時間：自由參觀

從上賀茂神社境內流出的『明神川』，清流旁古屋連幢

なり田

酸莖菜是蕪莖的一種,只種植在上賀茂這一帶,收成之後以複雜特殊的發酵法進行醃製,是自室町時代傳下的傳統京漬菜。

位於上賀茂的社家町,1804 年創業的『なり田』是販製醃酸莖的名店,它的醃酸莖是許多老京都人心中排名第一位的京漬菜。醃酸莖￥1,296,細切醃酸莖￥475。

營業時間:10:00 ～ 18:00
公休日:不一定

大田神社

上賀茂神社攝社之一的『大田神社』,每到五月神社旁的池塘『大田澤』中一大片野生的杜若便會盛開,這片罕見的野生群生杜若花田從平安時代之前就已經存在,在昭和 11 年被指定為國家天然紀念物。

開放時間:日出 ~ 日落
費用:免費(大田澤￥300)

深泥池

周長 1.5 公里,面積 9 公頃的池塘,是自冰河時期便存在的太古之池,池塘內有多種稀有的水生植物,屬國家指定的天然紀念物。這裡同時也是京都著名的靈異景點,『計程車深夜裡所載的客人突然消失,只留下溼淋淋的後座座椅』這經典的計程車怪談據說便是起源於此。

開放時間:自由參觀

這裡同時也是野鳥愛好者們喜好的觀察地點

寶池公園

以江戶時代鑿造的人工池『寶池』為中心，周圍是市民休憩散步的大型公園。隔著大池，可以看見一幢造型奇特的水泥建築『京都國際會館』，1997 年的京都議定書就是在此處簽訂。建造於半個世紀前的京都國際會館，它那跳脫常識的外型，是想打造具宇宙船艦風的前衛建築以航向未來，還是模仿日本傳統的合掌式建築，又或是想以獨特六芒星造型坐鎮京都鬼門，眾說紛紜，但京都議定書的正式生效大大推動了人們對環境的關懷與保護行動，這一點卻是無庸置疑。

開放時間：自由參觀

赤山禪院

比叡山延曆寺的子院，位於京都鬼門的東北角上，拜殿的屋頂安置著猿猴像，與御所猿辻的猿像正好相對。

穿過石鳥居，由山門進入參道，是一段美麗的綠色隧道，依季節呈現出不同的表情風貌。

開放時間：9:00~16:30
費用：免費參觀

修學院離宮

位在比叡山山麓，面積廣達54萬平方公尺，共有『上御茶屋』、『中御茶屋』、『下御茶屋』三座主要庭園，庭園間是成片的稻田，連接各御茶屋的是松樹並立的步道。

『下御茶屋』屬於池泉式庭園，建築物走簡素風，『中御茶屋』原本是尼寺，後來歸還給宮內廳後成為了修學院離宮的一部分，『上御茶屋』以人工池『浴龍池』為中心，處於離宮最高的位置，可以俯看整片庭園風景，平望出去則是京都秀麗迷人的群山。

修學院離宮最大的特色之一，莫過於各御茶屋之間的田園風景。這片水田之所以能維持下去，全賴附近的契約農家，修學院離宮不但是借景庭園的代表，更展現了自然與人工的調和極致。

開放時間：需事先向宮內廳提出申請（宮內廳參觀案內 HP：http://sankan.kunaicho.go.jp/guide/shugakuin.html）
費用：免費參觀

鷺森神社

鷺森神社是修學院、山端這一帶的土地神，神社原本位在比叡山山麓的赤山禪院旁邊，因為修學院離宮的興建而被遷移到現在這個位置。同神社名一樣，是一座被森林環繞的神社。

每到秋天，長長的參道便會變成壯觀的紅葉隧道，比起不遠處人潮洶湧的詩仙堂、曼殊院，在這裡可以靜靜地獨享晚秋美景。

開放時間：自由參觀

詩仙堂

京都最具代表性的紅葉名庭之一，其實匠心獨具的詩仙堂不論春夏秋冬，都非常賞心悅目。詩仙堂是德川家康家臣石川丈山隱退後的住居，他不但是一代功臣良將，也是書法、漢詩的權威，連詩仙堂本身的庭園設計都出自他的手筆，博學多才到叫人吃驚。

開放時間：9:00~17:00（最後入寺 16:45）
費用：￥500

惠文社一乘寺店

擁有三十年以上歷史，位在一乘寺地區的『惠文社』，是愛書人必定前往朝聖的京都書店之一。

書店陳列出來的書都經過店長與店員們仔細挑選，也會定期依不同主題佈置特定的展示區。不只是書籍而已，新擴張的店面裡還陳列了高級精品文具與雜貨，讓人逛到關店時間也還不想離開。

營業時間：10:00~21:00
公休日：正月過年

下鴨神社

神社的正式名稱為『賀茂御祖神社』，與上賀茂神社同樣祭祀賀茂氏的氏神，兩社併稱『賀茂神社』，每年定例合辦葵祭。

穿越鳥居之後，進入白砂覆境的神社，立刻會感受到一股難以言喻的神聖氣氛。境內還有分別供奉十二生肖守護神的『言社』，可在十二座言社選擇自己的屬肖神社參拜。下鴨神社另有一座以祈求姻緣著稱的『相生社』，相當受歡迎。

神社南邊有大片的糺之森，是自遠古以來便存在的原始林。因為擁有茂林，又位在高野川、賀茂川兩川匯流之處，空氣清新，身處其間頓時讓人感覺連肺都像換新了一般，秋楓冬雪又是另一番美景。

神社境內與糺之森之內腳踏車不能騎入，不過如果是糺之森東側的舊參道，就可以肆意享受騎車通過森林的暢快了。

開放時間：6:30~17:00（大炊殿：10:00~16:00）
費用：免費（大炊殿：￥500）

鯖街道花折下鴨店

京都特產之一的『鯖壽司』，是用昆布、醋調味蓋去青皮魚特有的腥羶，然後再以類似押壽司的方式製成壽司，價位不算親近，但絕對值得一試。

『花折』招牌的『鯖壽司膳』¥1,835 可內用，包含鯖壽司三貫、小碟漬菜和湯。

營業時間：9:00~18:00（用餐：10:00~16:00）
公休日：正月過年

洛南

京都車站

京都腳踏車旅行

泉涌寺

光明寺

東福寺

宝塔寺

伏見稻荷大社

玉堂

深草

伏見稻荷

烏羽街道

東福寺

勸進橋

竹田街道

深草西浦町二丁目

深草西浦町一丁目

深草川久保町

起點 終點

東九条中殿田町

東九条西明田町

東寺

南區役所

十条

大宮通

上烏羽口

上烏羽卵ノ花

東寺

九条通

西九条豐田町

十条通

久世橋通

上烏羽石橋町

唐橋高田町

南區

上烏羽北村山町

上烏羽山ノ本町

上烏羽清井町

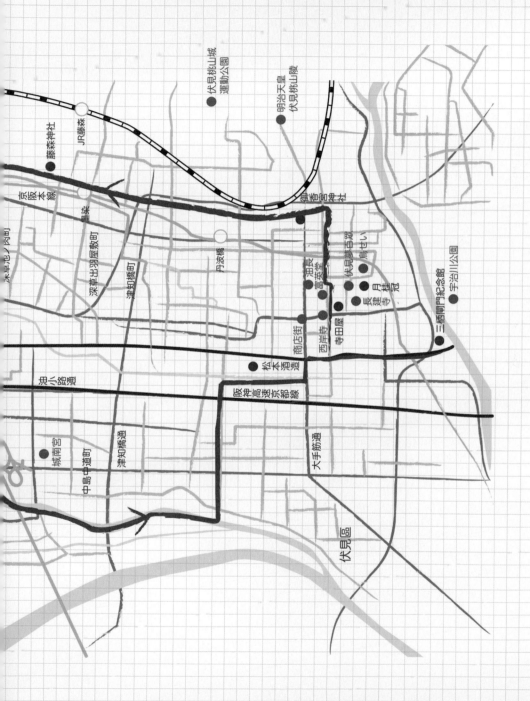

伏見桃山城
運動公園

明治天皇
伏見桃山陵

藤森神社

JR藤森

京阪本線

墨染

御香宮神社

本草池ノ内町

深草出羽屋敷町

丹波橋

油長

津知橋町

油長堂

富英堂

伏見夢百衆

鳥せい

月桂冠

長建寺

寺田屋

三栖閘門紀念館

宇治川公園

商店街

西岸寺

松本酒造

油小路通

阪神高速京都線

城南宮

中島中道町

津知橋通

大手筋通

伏見區

洛南

位於大阪、京都之間的伏見,在依賴水運的過去,是兩地交通往來的要衝,因商旅而繁盛一時,而伏見自身也因為擁有豐富、質佳的地下水,適合造酒,是聞名日本的酒鄉,特別是大手筋通以南到運河這一帶,酒藏林立,充滿了古町氣氛,信步走來都是酒鄉獨有的美景,灰瓦、木牆

酒藏林立是伏見的特色

的酒藏隨處可遇,偶爾可見由古老酒藏所改建的飲食店。

長建寺旁一條流水潺潺的渠道是昔日支持著酒鄉伏見的動脈,過了運河上的弁天橋就能直抵月桂冠的大倉紀念館,不渡橋改鑽橋下去,則是一段與運河相臨的步道,小徑只略高於河渠,兩側楊柳成排,對岸則是一棟棟接連不斷的酒倉,青綠柳條搖曳,偶爾小舟經過,是一段再舒服也不過的散步路。 往東去,是不變如昔的御香宮神社,原本的伏見桃山城不見了,前往伏見桃山陵謁靈的人潮也稀疏了,決定守舊還是維新的伏見鳥羽戰爭也落幕了,或許最能在時間洪流中保留下來的就是信仰了吧。沿著街道北走,來到伏見稻荷大社,在這裡能感受到更強烈的信仰力量。讚嘆完鳥居隧道,繼續參訪東福寺、泉涌寺,兩寺不但占地廣大,且周圍擁有豐富的綠意,讓人心情舒暢。

『酒後不宜上路』是這段路程最需牢記的重點。

烤麻雀也算是伏見稻荷大社一帶的名產

總距離：約24公里
難度：★★☆

路線：

京都車站 —8.6km→ 松本酒造 —1.8km→ 三柵閘門 —1km→ 月桂冠大倉紀念館 —0.3km→ 寺田屋 —1.2km→ 御香宮神社

—2.1km→ 藤森神社 —2.2km→ 伏見稻荷大社 —1.4km→ 東福寺 —1.6km→ 泉涌寺 —2.6km→ 京都車站

松本酒造

1791 年以『澤屋』之名創立，是伏見的代表酒造（釀酒廠）之一。大正年間建造的倉庫與煙囪，加上前方空地一片盛開的金黃油菜花，是伏見的經典風景。

開放時間：外觀自由參觀

三栖閘門資料館

為了解決濠川與宇治川之間的水位差，在 1929 年建築的
『三栖閘門』，是京都與大阪往來的重要門戶，之後隨
著鐵路的建設，陸路運輸完全取代了水運，三栖閘門從
此功成身退，如今的三栖閘門是伏見重要的歷史遺產。

開放時間：9:00~16:30（星期一休館，遇國定假日則開館）
費用：免費參觀

這裡也是觀光船『伏見十石舟遊船』的中停點

長建寺

供奉弁財天的長建寺，擁有風格獨
具的寺門『龍宮門』，外圍的紅色
土牆也同樣令人印象深刻。因為供
奉的是才藝之神弁財天，所以寺裡
的籤是獨樹一格的和歌詩籤。寺內
有伏見名水『閼伽水』。

開放時間：9:00~16:00
費用：免費參觀

中國風的紅色寺門

月桂冠大倉紀念館

由月桂冠酒造公司所成立的釀酒資料館，館內展
示造酒工具並介紹釀酒過程，還可試飲他們出品
的伏見酒，中庭湧出的伏見名水『さかみづ』也
不容錯過。

開放時間：9:30~16:30
費用：￥300

伏見夢百眾

過去曾是月桂冠的本店，現在則改裝成咖啡店。店裡咖啡使用伏見名水『伏水』沖泡，帶有酒香的蜂蜜蛋糕￥550更是不可錯過，還有清酒冰淇淋￥650。咖啡、甜點以外，還提供百種以上的伏見酒。

營業時間：10:30~17:00（L.O.到16:30）（星期二到五）
　　　　　10:30~18:00（L.O.到17:30）（週末例假日）
公休日：星期一

寺田屋

過去作為京都大阪之間交通樞紐的伏見，旅店比鄰而立，慶應二年（1866年）投宿在此的坂本龍馬遭到追捕，所幸及時逃出。寺田屋就因這樁坂本龍馬被襲擊事件而聲名大噪，不論是幕末迷或是龍馬迷，甚至是電玩迷，都要來此瞻仰一下。

開放時間：10:00~16:00（最後入內15:40）
費用：￥400

鳥せい本店

出品日本酒『神聖』的『山本本家』直營的餐廳。由酒藏改建的居酒屋，可以喝到直接取自酒藏的生原酒（未經處理剛釀出的酒）。午餐時間限定的烤雞定食￥750。
店旁有與『御香水』同水脈的伏見名水『白菊水』，常見提著大小容器來取水的人列。

營業時間：11:30~23:00（L.O.到22:30）
　　　　　（星期二到五）
　　　　　11:00~23:00（L.O.到22:30）
　　　　　（週末例假日）
公休日：星期一（國定假日除外）

大手筋商店街

伏見市街的中心，東西走向的大型商店街，位於伏見桃山站與風呂屋町通之間，是昔日通往伏見城大手門的大道，現在依然熱鬧不減當年。在這裡要下來牽車通過喔。

吟釀酒房油長

專賣伏見酒的商店，搜羅伏見當地各酒藏出品的銘酒。店內設有吧台，可點用單杯的酒，供試酒的小杯酒（利き酒）一杯￥200 起，可從酒單中挑選三種不同的酒，加￥200 會附上配酒小菜。

營業時間：11:00~21:00
公休日：星期二

Kizakura Kappa Country

由『黃櫻酒造公司』所經營的複合式展場，內設有日本酒餐廳黃櫻酒場與黃櫻商店，還有介紹河童傳說與陳列釀酒工具的黃櫻紀念館。伏見名水之一的『伏水』可在這裡發現。

黃櫻紀念館開放時間：10:00~17:00
黃櫻紀念館入館費用：免費參觀

富英堂

最著名的商品是足以代表伏見當地特色的
『酒饅頭』，以及『英顏』（えがお）。飄
著酒香的『酒饅頭』¥160，總是才過中午便
銷售一空；過去曾經上獻給皇太子，以長崎
蛋糕為底，融合和洋口味的『英顏』¥200，
人氣也絲毫不輸酒饅頭。

營業時間：9:00~19:00
公休日：星期四

西岸寺

地藏堂裡供奉著俗稱『油懸
地藏』的地藏尊，地藏全身
塗滿黑色厚油，傳說過去有
位賣油商在地藏身上淋油後，
生意大好，從此之後人們在
向地藏祈願的同時，也學起
油商在地藏身上塗油，成為
了另類的參拜儀式。

開放時間：9:00~16:00
費用：境內免費（地藏堂
¥200）

御香宮神社

過了大手筋商店街繼續往東前進，迎面而來的是一座顯目
的紅色大鳥居，是這一帶的土地神『御香宮神社』的入口。
在德川家康命令下所建造的御香宮神社本殿，是擁有鮮豔
色彩、華麗雕刻的典型桃山建築。『御香宮神社』的由來
不明，唯一可追溯到的歷史紀錄，是西元824年該神社修
建之際，突然湧出了芳香甘美的靈泉，當時的清和天皇為
此賜了『御香宮神社』
一名，由此可知御香宮
神社的古老並不遜於京
都其他廟宇寺社。

除了甘美之外，據說還
有醫病效果的靈泉『御
香水』就在本殿前方，
不但是伏見名水之首，
同時也名列『日本名水
百選』。

昔日伏見城的遺跡
部份被移來這裡放置

開放時間：9:00~16:00
費用：境內免費（庭園¥200）

藤森神社

藤森神社的歷史相當古老，據傳是一千八百年前由神功皇后創建。神社以祈求武運、馬術精進而著稱，就連該社的名水『不二之水』，名稱中也帶著非贏不可的意味。該神社最著名的是紫陽花花苑，每年六月花季時，大片盛開的紫陽花美麗動人，也為神社搏得了『紫陽花之宮』的美名。

開放時間：9:00~16:00
費用：免費參觀（紫陽花花苑￥300）

每年六月紫陽花盛開，吸引無數的賞花客

寶塔寺

前身是在《源氏物語》中登場過的『極樂寺』。境內的本堂、多寶塔、總門皆是重要文化財。爬上陡峻的階梯，山上有奉祀七面大明神的『七面宮』。

開放時間：自由參觀

伏見稻荷大社

『伏見稻荷大社』是遍布日本各地總數超過四萬社的稻荷神社的總本宮（以企業的形式來說就是『總公司』），整座稻荷山都是其神域，信徒奉納的朱紅鳥居漫山彎延，被稱為『千本鳥居』，不過實際上卻有萬座以上！

除了位在山麓的本殿之外，稻荷山上尚有奧社與其他末社，穿越如同隧道一般的重重鳥居，進行整座稻荷山的巡拜，全長 4 公里需時 2 小時。

開放時間：自由參觀

每年一度的大祭『宵宮祭』

寶玉堂

以開業之後就一直使用至今的鐵模一片一片仔細煎出的狐狸煎餅，香脆美味又有趣。其他煎餅類的零食也同樣讓人會不自覺地想打開荷包。狐狸煎餅三片￥350。

營業時間：7:30~19:00
公休日：無

狐狸面具形狀的煎餅是招牌商品

光明院

東福寺的子院之一，院內有昭和時代的名庭園師重森三玲所作的『波心之庭』，由白砂、青苔、石山構成，讓光明院又被稱為『虹之苔寺』。

開放時間：9:00~16:00
費用：自由捐獻

東福寺

與『永觀堂』齊名，京都最為人所知的賞楓名所，特別是『通天橋』一帶的紅葉，是深植人心的京都秋天美景代表。

『東福寺』寺名是從奈良的『東大寺』、『興福寺』各取一字而來，寺院本身自然是不遜於兩寺的大寺院，以本堂、方丈、庫裏為中心，有多達二十五座的子院。避去了應仁之亂的戰火，寺內留存了許多珍貴的文化財，其中包括日本最古老的禪宗三門，1890 年重建的方丈，內有重森三玲設計的名園『本坊庭園』，融合鎌倉古風與近代抽象構圖，特別是西庭的井田市松庭園，讓人印象深刻。室町時代唯一留存、日本最古老的禪宗式廁所『東司』，也別忘了去一探究竟！

開放時間：9:00~16:00（4月~10月）、8:30~16:00（11月）、9:00~15:30（12月~3月）
費用：境內免費（通天橋 & 開山堂：￥400、方丈本坊庭園：￥400）

南庭小市松庭園

泉涌寺

座落在月輪山山麓，廣大的寺域內有多代天皇的陵墓，因此又被稱為『御寺泉涌寺』。泉涌寺的創建由來說法不一，不過在鎌倉時代再興後，該寺伽藍便多帶著中國宋代風，連一般應稱為『本堂』或『金堂』的主殿，在這裡則以『佛殿』喚之。

大門北側有『楊貴妃觀音堂』，裡頭安置南宋時期從中國移請過來的楊貴妃觀音像，據說該觀音像是依傾國美女楊貴妃的面容所打造，不少女性特地來此祈求美貌與良緣。

開放時間：9:00~16:30（12月~2月到16:00）
費用：￥500

楊貴妃觀音堂

繁華街

御池通
京都市役所前
御池大橋
烏丸御地
姉小路通
中京郵便局
弁慶石
Lipton
京都文化博物館
三条大橋
三条通
名代
木屋町通
先斗町通
INODA本店
六角堂
六角通
河原町通
起點
栖園
蛸楽師通
錦小路通
終點
錦市場
四条烏丸
河原町
地下鉄烏丸線
東洞院通
高倉通
堺町通
柳馬場通
富小路通
麩屋町通
御幸町通
寺町通
祇
宮川町町花街
烏丸通
松原通
松原橋
大和大路通
五条通
五条大橋
清水五條
烏丸五条
堀川通
六條通
花屋町通

京都脚踏車旅行

三条京阪
花見小路通
東大路通
東山

小森
新橋通
辰巳大明神
小石
八坂神社
鍵善良房
四条
都路里
繩手通
京きなな

安井北門通
建仁寺
安井金比羅宮

八坂通
六道珍皇寺

六波羅蜜寺

五條通

自転車

繁華街

　　所謂的繁華街，指的是商店街、百貨公司、飲食店聚集的區域，也就是鬧區，以四条河原町為中心，從祇園到四条烏丸的這一帶是京都最大的繁華街，同時也是京都的金融中心、交通要衝。

　　首先，從烏丸通右轉進入三条通，三条通上有京都文化博物館、中京郵便局等明治年間建造的洋風建築，這些極具歷史感的建築在時代的洪流之中，有的維持原用途，有的則加入新元素，迎接嶄新的世代。

　　經三条大橋越過鴨川，鴨川到東大路通的四条通沿路一帶通稱『祇園』，是八坂神社的門前町（以神社、寺院為中心所形成的集鎮）。這一帶雖然可以騎腳踏車通過，

這裡有京都第一的花街與豪華的歌舞伎劇場

但車多人多，行進時需特別注意。續往南走，過了建仁寺之後，是連結陰陽兩界的『六道之辻』，這裡充斥著『另個世界』的傳說。從松原橋回到鴨川西岸，一路到有『京之廚房』之稱的『錦市場』，江戶時代以魚市場開始的『錦市場』至今仍繁榮不減。

熱鬧的祇園是八坂神社的門前町

六道之辻上有幽靈買糖養子的鬼故事

這一帶禁行腳踏車通行的區域很多，包括從東大路通到烏丸通為止的四条通，與寺町通、新京極通商店街、錦市場等等，如果想要騎腳踏車通過，就要繞路而行或下來牽車經過，若是想要悠閒逛街做長時間的停留，建議找個停車場停好車，或是在巡遊行程結束歸還腳踏車後再展開。

京情滿溢的祇園

路線：

六角堂 ──0.5km──▶ 京都文化博物館 ──1.0km──▶ 三条大橋 ──0.6km──▶ 辰巳大明神 ──0.7km──▶ 建仁寺 ──0.4km──▶

安井金比羅宮 ──0.4km──▶ 六道珍皇寺 ──0.3km──▶ 六波羅蜜寺 ──2.2km──▶ 錦市場

總距離：約7公里
難度：★☆☆

六角堂

正式名稱為『頂法寺』，因為本堂呈六角形之故，又稱『六角堂』。本堂建築正面採入母屋造，經典的六角形屋頂則是兩層重疊，『六角』的造型象徵人的『六根』，有祈求『六根清淨』的含意。

據傳為聖德太子所開基的六角堂，本尊是聖德太子留下來的『如意輪觀音像』，這尊如意輪觀音像深藏在本堂內陣的佛龕內，是不輕易開龕示人的秘佛。

開放時間：6:00~17:00
費用：境內免費

本堂的東側有一顆被稱為『臍石』的六角形平石

三条通

相當於平安京時代的『三条大路』，京都市的東西向幹道之一。三条通從東山延伸到太秦、嵐山，沿途風貌變化多端，寺町通到烏丸通這一段，保有許多具特色的明治時代洋館。

中京郵便局

『中京郵便局』是日本歷史最古老的郵局之一，和同樣位在三条通上的京都文化博物館、日本生命相同，是建於明治時代的歐風建築，紅磚造的文藝復興式建築相當美麗。

1973 年曾計畫重建，結果引起一片反對聲浪，最後採用了保留外牆、只重建內部的改建方法，也成為了日本實行這種歷史建築改建手法的第一例。

開放時間：外觀自由參觀

前田咖啡

京都市內有許多具有歷史的老咖啡廳，1971年創業的『前田咖啡』便是其中之一，自家烘培的咖啡豆香味迷人，本店位在四条烏丸附近，由舊和服店改建而成，其他的分店也多座落在極具特色的場所，例如前身是明倫小學的明倫店，京都文化博物館內的文博店等。

曾經是銀行的金庫室，現在則是飄盪著優雅咖啡香，讓人可以在此好好放鬆休息。前田咖啡的咖啡豆各以京味十足的『龍之助』、『富久』、『弁慶』、『牛若丸』命名，第一次推薦可嘗試最有人氣、最易入口的『龍之助』。

營業時間： 10:00~19:30（L.O.19:00）
公休日：星期一（遇國定假日則隔日休，京都文化博物館休館日）

京都文化博物館

1988 年開立的京都文化博物館，以介紹京都文化為宗旨，不但是歷史博物館，也是展示許多與京都有淵源的藝術家作品的美術館。

博物館的建築物本身亦很有歷史，作為京都文化博物館別館的氣派紅磚建築於 1906 年竣工，前身是日本銀行的京都分店，屬於重要文化財。

開放時間：10:00~19:30（最後入館：19:00）
休館日：星期一（遇國定假日則隔日休）
費用：￥500

INODA 本店

創業邁入七十載的老咖啡廳，以堺町通三条的本店為中心，在京都與京都以外都擁有分店，雖然價位在一般連鎖咖啡店之上，但口味高雅的自家烘焙咖啡豆擁有許多長年愛好者。

以背負京都文化而自豪的 INODA 咖啡，過去有許多如作家谷崎潤一郎、池波正太郎等藝文界的常客，即使是現在當地士紳依然習慣一大早來這裡享用咖啡與早餐。咖啡￥560 起、京的朝食￥1,380。

營業時間：
7:00~17:00
公休日：無

栖園

三条通上的町家喫茶店『栖園』，是由明治 18 年創業的和菓子老鋪『大極殿』所直營。門前隨季節更換的暖簾，相當具有京之雅趣。招牌甜點『琥珀流』￥660，是冰涼 Q 彈的寒天，逐月換上不同口味的淋蜜，唯獨冬季不提供。名為『春庭良』￥570 的蜂蜜蛋糕，最適合當伴手禮。

營業時間：10:00~17:00
公休日：星期三

弁慶石

在滿是時髦商店的三条京極，大樓間有一塊突兀的岩石，傳說是力大無窮的武藏坊弁慶從五条大橋丟擲過來的。這塊石頭過去曾經被移到他處或計畫遷走，但都引發了災事，最後還是保留在原地，從此無人敢再去驚動它。

開放時間：自由參觀

名代かつくら三条本店

誕生於京都的豬排飯專門店，對食材嚴格講究，招牌的豬排套餐（とんかつ膳）￥1,020起，有不同公克數可以選擇，另外搭上隨季節更換食材的湯葉卷的季節套餐（季節の湯葉巻きかつとヒレかつ￥1,360）也很受歡迎。

營業時間：
11:00～21:30
（L.O.21:00）、
星期六 11:00～22:00
（L.O.21:30）
公休日：無休

Lipton 三条本店

1930 年在京都開店，與名代かつくら同屬『FUKUNAGA』飲食集團。提供美味的蛋糕與水果派，水果派上排滿寶石般的水果，十足誘人，每一塊份量都不少，讓甜點迷大呼滿足。

營業時間：10:00～21:30
公休日：無

三条大橋

橫跨在鴨川上，位於京都中心地帶的三条大橋，不僅歷史悠久，更是京都的交通要樞，以東海道五十三次的終點廣為人知，是古代京都的玄關，直至今日車輛、行人仍絡繹如昔。三条大橋也是日本最初舉行馬拉松的場所。

祇園小森

緊靠白川、由茶屋改建而成的日式甜品店，地點好、氣氛佳，倚窗探出，白川的清流就在眼下潺潺流過，就算價格不便宜也絲毫不減其高人氣。白玉冰淇淋餡蜜（白玉クリームあんみつ）￥1,100。

營業時間：11:00~21:00（L.O.20:30）、星期日11:00~20:00（L.O.19:30）
公休日：星期三（遇國定假日則營業）

辰巳大明神

這一帶屬於法定的傳統建築物特別保存地區，茶屋連幢、小橋流水，古意盎然，是觀光客流連忘返的一區。位在新橋通與白川南通交叉口上的『辰巳大明神』，深受祇園的人信仰，以保佑才藝精進著稱，舞妓、藝妓都會特地來此參拜。

開放時間：自由參觀

鍵善良房

從江戶時代就開業，店齡悠久，招牌是使用吉野大宇陀的高級葛粉製成的『葛切』￥1,000。浸在冰水裡呈透明長條狀的葛切，口感類似寒天，但更有咬勁。從冰水中撈出葛切，放入盛裝黑糖的碗中，沾上黑糖後咕溜地送進嘴裡，來到京都一定要品嘗這一味！

營業時間：9:00~18:00
（L.O.17:45）

公休日：星期一（遇國定假日則隔日休）

茶寮都路里

由日本茶老鋪『祇園辻利』直營，是不排隊就進不去的名店，雖然東京也有分店，但這間位在祇園四条的本店，每天依然擠滿了來自日本各處、甚至世界各地的朝聖者。招牌的都路里特製聖代￥1,383 份量超大，吃完這一杯，胃房可能就沒有多餘的空位容納正餐了。

營業時間：10:00~22:00（L.O.21:00，週末例假日 20:30）

公休日：無

升級版的宇治金時——
都路里冰￥983

祇園小石

位在八坂神社門前，以製黑蜜、糖果起家的祇園小石，淋上自家製黑糖的蕨餅，更受到觀光客們歡迎，特製聖代也同樣人氣很高。黑糖蕨餅￥720。

營業時間：10:30~18:00

公休日：無

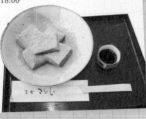

在蕨餅上淋上以
沖繩產的高級黑
糖提煉的黑蜜

花見小路通

貫穿祇園中心的『花見小路通』茶屋、料理店並立，飄盪著花街才有的獨特氣氛。繼續往南走的話，則是祇園甲部的歌舞練場。黃昏之後，守在花見小路通路口這裡等候正牌的舞妓、藝妓盛裝經過的觀光客不少。

花見小路通路底
的『歌舞練場』

花見小路通

京きなな

位在連排茶屋之間，店鋪本身也是由茶屋改裝而成，專賣自製的義式冰淇淋，有抹茶、黃豆粉、黑芝麻、黑蜜等和風口味，是和洋的經典結合。綜合三球￥800、招牌聖代￥1,100。另有杯裝冰淇淋￥360供外帶，提供保冷劑，可在室外維持3~4小時。

營業時間：11:00~19:00（L.O.18:30）
公休日：不一定

ベリーベリーきなな￥1,050

建仁寺

位列京都五山之一，山號『東山』，本尊為釋迦如來，擁有俵屋宗達所繪的國寶『風神雷神圖』（真品存放於京都國立博物館）等諸多珍貴文化財。創寺之後歷經應仁之亂等多次火災，加上明治年間廢佛毀寺的政策，如今建仁寺的規模縮小了有一半之多，儘管如此，建仁寺仍然是這一帶的大寺，廣大的寺境裡伽藍整然並列，氣氛莊嚴。

開放時間：10:00~16:30（3月~10月）、10:00~16:00（11月~2月）
費用：￥500

法堂天花板上的『双龍圖』

安井金比羅宮

以『緣結』、『緣切』聞名的『安井金比羅宮』，社境內有塊名為『緣切緣結碑』的巨石，巨石中間有一條大洞，傳說鑽過這個洞穴，可以締結良緣或斬斷惡緣。安井金比羅宮境內還有展覽古今名人繪馬的『金比羅繪馬館』，同時還能參觀展示玻璃藝術品的『玻璃館』。

開放時間：境內自由參觀（繪馬館＆玻璃館：10:00~16:00，星期一休）
費用：免費參觀（繪馬館＆玻璃館：￥500）

『緣切緣結碑』上結滿了許願紙札

Topic 京都五花街

　　上七軒、祇園甲部、祇園東、先斗町、宮川町，合稱京都『五花街』，以祇園甲部規模最大，宮川町花街次之。過去的花街，同時集合了娼妓、藝妓行業，賣春法禁頒行之後，今日的花街單純只有藝妓屋在經營。京都花街最有名的是各花街例年舉行的舞踊公演『をどり』，春天為最盛期，首先上演的是祇園甲部的『都をどり』（都舞）、宮川町的『京おどり』（京舞）、上七軒的『北野をどり』（北野舞），各花街派出自己旗下的舞妓、藝妓在華麗的舞台上獻上群舞，公演期間長達一個月，是京都春天最美的風物詩。四月的都舞結束，緊接而來的是五月先斗町的『鴨川をどり』（鴨川舞），十一月初則是在祇園會館舉行的『祇園をどり』（祇園舞），然後新的一年到來，又是下一個循環。

六道珍皇寺

『六道珍皇寺』位於連結陰陽兩界的『六道之辻』。平安時代有一個叫做小野篁的人，傳說他每晚都會到陰間去陪伴閻魔王審案，據傳他就是透過六道珍皇寺這裡的水井前往地府，早上再從嵯峨野福見寺的井返回現世。

六道珍皇寺有名的還有『六道詣』，每年八月的御盆節期間，京都人都會來此敲響『迎鐘』以迎接先祖的靈魂。

開放時間：9:00~16:00
費用：免費參觀

『六道詣』期間迎鐘鐘聲終日不斷

六波羅蜜寺

曾經擁有的大片伽藍在明治時代後大幅縮小，僅餘本堂、弁財天堂、寶物庫等主要建物。南北朝時代所建造的本堂是採內陣降低的天台式建築，本堂內供奉國寶『十一面觀音立像』，是每十二年才開龕一次的秘佛。寶物館內收藏著包含『空也上人像』在內的眾多珍貴佛像。

開放時間：8:00~17:00
費用：免費參觀（寶物館：￥600）

宮川町花街

由東山的宮川町二丁目到六丁目這一帶是京都五花街之一的『宮川町花街』。宮川町花街擁有的舞妓數目僅次於祇園甲部，每年固定舉行的『京舞』，是京都春天的風物詩之一。石板道旁茶屋林立，比起觀光客嘈雜的花見小路，這兒顯得更具幽情。

東邊盡頭『錦天滿宮』數百年來一直守護著錦市場

錦市場

擁有長達四百年歷史，被稱為『京之廚房』的『錦市場』，是長度近四百公尺的商店街，販賣生鮮食材與各式乾貨的店鋪林立，搜羅了眾多的京都特產品，更以高品質著稱，相當受到京都在地人與觀光客喜愛，是一條充滿活力的商店街。

鴨川、桂川

平野神社

西大路通

新丸太町通

終點

法輪寺

松尾大社

鈴虫寺

松尾橋

上野橋

四条通

桂川

西大橋

五条通

西芳寺

七条通

桂離宮

桂大橋

八条通

中村軒

桂

京都脚踏車旅行

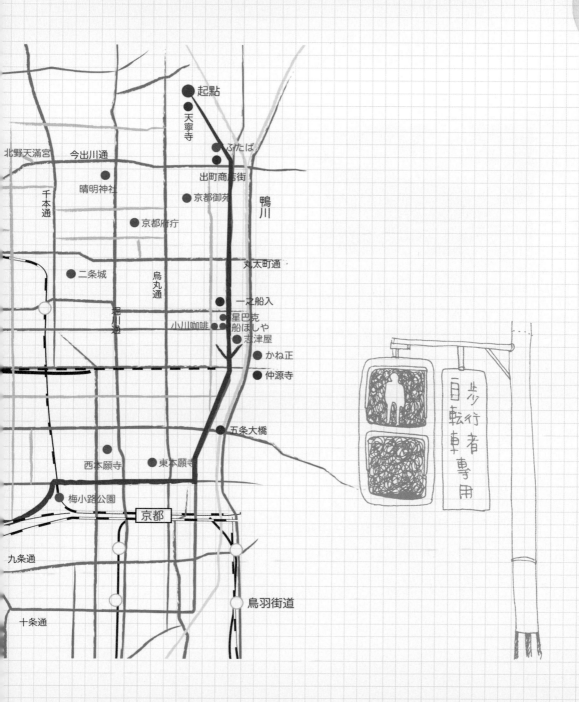

● 起點
● 天寧寺
● ふたば
出町商店街
● 京都御苑
鴨川
● 京都府疔
北野天満宮
今出川通
晴明神社
千本通
● 二条城
烏丸通
堀川通
丸太町通
● 一之船入
● 星巴克
小川咖啡
船ほしや
● 志津屋
● かね正
● 仲源寺
● 五条大橋
● 東本願寺
西本願寺
● 梅小路公園
京都
九条通
● 鳥羽街道
十条通

步行者
自転車専用

一級河川鴨川

鴨川、桂川

　　鴨川、桂川同屬淀川水系，在伏見區合流，之後又與木津川、宇治川在八幡合流成淀川，在仰仗水運的古代，是京、阪的重要命脈。古代權傾一世的白河天皇曾說天下有三大不如意事，其中之一便是『鴨川之水』，以前的鴨川是一條經常氾濫的恐怖河流，一直到了二十世紀之後才開始真正有效地控制住它的暴流，今日的鴨川則成了京都的象徵。每年五月到九月二条大橋到五条大橋之間，河岸西側會紛紛架起『納涼床』，是京都夏天不可缺的一景。以前的桂川被喚作葛野川，和昔日的鴨川一樣也常常氾濫成災，後來經過秦氏築堤整治，才有好轉，過去也曾以興盛的船運造就了沿岸城鎮的繁榮，從賀茂川西側的鞍馬口出發，順著賀茂川往下游前進，途中的河岸道路並非一直都是平穩的步道，可能會碰上滿是石礫的路段，另外沿岸也會遇到散步、慢跑或是進行練球等等活動的人們，盡量不要干擾到對方、注意彼此的安全。

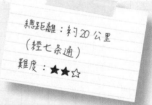
總距離：約20公里
（經七条通）
難度：★★☆

路線：

天寧寺 →(1.2km)→ 出町柳商店街 →(2.0km)→ 高瀨川一之船入 →(1.4km)→ 仲源寺

→(1.1km)(7.0km（經七条通）)(8.5km（經九条通）)(14km（經久世橋通）)→ 五条大橋 →(3.2km)→ 桂離宮 →(0.3km)→ 西芳寺 →(1.1km)→ 鈴虫寺 →(1.7km)→ 松尾大社 → 法輪寺

沿著桂川北行，有被稱為『桂川 Cycling Road』的自行車專用道，起於『久我橋』。自行車專用道在渡月橋前約半公里結束。

在川邊練習吹奏樂器

體力或時間不太夠的話，不一定非要騎到兩川匯流點，可以規劃其他走法，找出適合的連結路線，像京都南區的久世橋通或下京區的九条通、七条通都是不錯的橫切點，只是這些要道車流較大，要特別小心。如果有預約參觀苔寺或桂離宮，需要特別留意時間，可以為此調整行程，先順著桂川下行，再沿著鴨川逆流而上，時間方面比較好掌握。

川邊的腳踏車車道

桂川河道開闊

美麗的鴨川讓人流連

天寧寺

幾度在戰火中燒毀，現存建築重建於十九世紀初。該寺以『額緣門』聞名，『額緣』即畫框的意思，從馬路透過山門望去，靈山比叡就像是被置入畫框之內。

開放時間：境內非公開

從天寧寺的山門可以眺見比叡山的秀峰

出町商店街

與熱鬧的出町柳車站隔川相對的『出町商店街』是京都最具規模、最熱鬧的商店街之一，以販賣生鮮食材、日常用品的店家為多數，是和居民緊緊連繫在一起、充滿生活感的商店街。

出町ふたば

精選材料做成的豆麻糬（豆餅）聞名全國，甜紅豆餡跟鹹味豌豆搭配出絕妙滋味。除了讓人大排長龍的豆麻糬，對依著歲時曆法過日子的京都人而言不可少的各種時令菓子也一應俱全。豆麻糬，一個￥175，一定要在當天吃完，擺到隔夜是不可原諒的罪行！

營業時間：8:30~17:30
公休日：星期二、每月第四個星期三（遇國定假日則隔日休）

高瀬川一之船入

因為森鷗外的小說《高瀬舟》而享有名氣的『高瀬川一之船入』。

所謂『船入』，是為了讓船舟靠駁所特別設置的水路，過去高瀬川上還有二之船入、三之船入，目前留存的只有木屋町二条這裡的一之船入。

開放時間：自由參觀

內在外型皆樸素的カルネ，有著說不出的美味

志津屋 SIZUYA 京阪三条店 (京阪三条車站內)

與進進堂同為京都兩大麵包巨頭之一，除了京都市內各處的直營店外，部分的大型超市也能買到其主要商品。圓形法國麵包內夾火腿、洋蔥的『カルネ』￥180 是鎮店之寶，是京都人日常的味道，往往不到傍晚就已銷售一空，盒裝的炸豬排三明治￥500 正好適合帶到川邊享用！

營業時間：7:00~21:00
公休日：無

星巴克三条大橋店

開在三条大橋旁的國際連鎖咖啡店，特別推薦 B1 的位子。跟其他鴨川沿岸的店家一樣，這裡夏天的時候也會設置納涼床，用一杯咖啡的價錢就能得到會席料理級的享受。

營業時間：8:00~23:00
公休日：不一定

船はしや

位在三条大橋橋畔，創業超過百年的豆菓子老鋪，販賣傳統的京都零嘴，如五色豆、金平糖，還有香脆的炒豆、仙貝等，不倒翁形狀的『福だるま』￥330 可愛又好吃，最適合當伴手禮。

營業時間：10:00~20:00
公休日：無

雪人（不倒翁？）形狀的『福だるま』

小川咖啡三条店

京都當地的咖啡製造商，京都的咖啡店大多都使用它家的豆子。除了京都之外，大阪、滋賀一帶也有小川咖啡的直營咖啡店。京都三条店位在高瀬川與鴨川之間，除了咖啡之外，米製的瑞士捲也很受歡迎。

營業時間：9:00~21:00（L.O.20:30）
公休日：無

仲源寺

『水光瀲灩晴偏好，山色空濛雨亦奇』，雨天也好、晴天也佳，說的應該正是鴨川風景吧！寺門橫匾上書的『雨奇晴好』四字，讓位在熱鬧的四条大路上的仲源寺更顯獨特。

供奉『目疾地藏』的仲源寺，據稱對眼疾有靈驗效果，是洛陽三十三所觀音靈場之一。

開放時間：9:00~17:00
費用：免費參觀

かね正

位於繩手通一不小心就會錯過的極細巷子內的鰻魚飯專門店，選用高級的國產鰻魚，招牌的『まむし丼』（鰻魚飯）￥1,700，鋪滿蛋絲的錦系丼￥1,800，最受客人歡迎。因為是現點現烤，所以點餐後要稍等十數分鐘，熱騰騰的鰻魚飯才會上桌。

營業時間：11:30~14:00、
17:30~22:00
公休日：星期四、星期日

石像圓滾滾的造型是『御所風』人形的特色

五条大橋

架在鴨川上的五条大橋，是國道一號五条通的一部份。橋的西側有『扇塚』石碑，因為牛若丸（即源義經）與弁慶相遇的故事，橋的西側也立有牛若丸與弁慶的石像，橋東側則是京阪電車的清水五条站。沿著五条道續往東走，則是被稱為『五条坂』的上坡，每年八月這裡會舉行盛大的陶器市集。

每年八月的五条陶器祭

桂離宮

原本是八条宮家的別莊，由書院建築與庭園構成，書院共分『古書院』、『中書院』、『新御殿』三部分，庭園則是屬回遊式庭園。與御所相同，參觀需事先向宮內廳事務所提出申請。

開放時間：需事先向宮內廳提出申請
（宮內廳參觀案內 HP：http://sankan.
kunaicho.go.jp/guide/katsura.html）
費用：免費參觀

中村軒

位在桂大橋橋畔，彷彿從畫卷中剪出來的一幢古
屋，這緊臨桂離宮的老字號甜點屋『中村軒』，
招牌商品是『麥代餅』￥290，曾上獻給天皇的
『桂饅頭』￥210。另外，每年夏天逐月推出的
不同口味刨冰，也有不少人特地為它而來。
營業時間：9:30~18:00（L.O.17:45）
公休日：星期三（遇國定假日營業）

全年提供的麥代餅與夏日限定的酸桔冰 ￥820

西芳寺

鼎鼎大名的『苔寺』，是世界遺產之一。
和京都大多數的寺廟一樣，歷經過多回的
天災人禍屢次重建，原本的枯山水庭園在
江戶晚期發展成了現在的苔庭。深恐因為
名氣太大招來過多的觀光客使苔景受到破
壞，寺方設下了重重關卡── 高達 3,000
日圓的拜觀料與事前必要的預約申請，只
有真正有心者才得以入內一窺其奧秘。

開放時間：需事前申請
費用：￥3,000

鈴虫寺

此寺的『幸福地藏』據說頗為靈驗，讓總把『好想得
到幸福』掛在口邊的日本女性趨之若鶩，也因此明明
地處偏僻，訪客卻絡繹不絕。

花點小錢買個幸福地藏化身的『幸福御守』隨身攜帶，
聽說願望更容易實現！

開放時間：9:00~16:30
費用：￥500

松尾大社

五世紀時由秦氏所開創，是京都最古老的神社，供奉松尾山之神，與上賀茂神社並列，同為京都的鎮護之神，有『賀茂之嚴神、松尾之猛神』之說。室町時代之後，以『日本第一酒造神』為人景仰，據說只要使用當社的龜井之水來釀酒，不但能釀出佳酒，酒也不會腐壞。

獨特的飯匙形繪馬

開放時間：5:00~18:00（庭園：9:00~16:00）
費用：境內免費（庭園￥500）

每年五月上旬，盛開的棣棠花將境內染成一片金黃

法輪寺

位於嵐山山腹，在《今昔物語集》、《枕草子》中都會被提及的古蹟。該寺以『十三詣』聞名，家長會特地帶滿十三歲的子女來這裡參拜，祈求神明賜予智慧，不過參拜完畢的返程路上，直到過了渡月橋前都不能回頭，不然好不容易求來的智慧會被神明收回去。

開放時間：9:00~17:00
費用：免費參觀

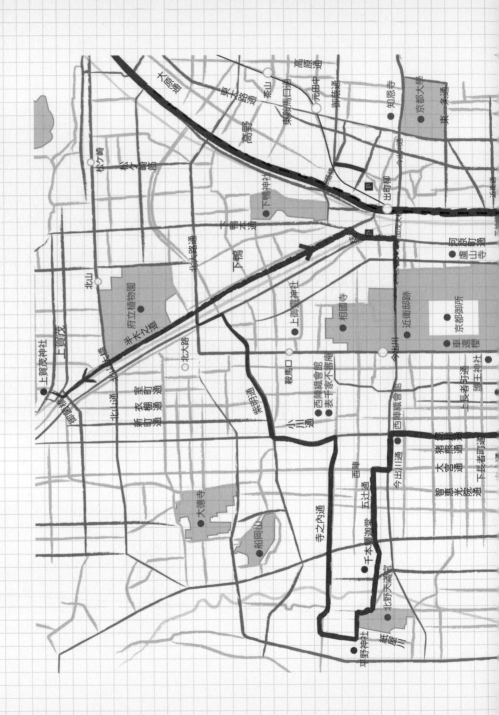

春櫻記事帖

京都脚踏車旅行

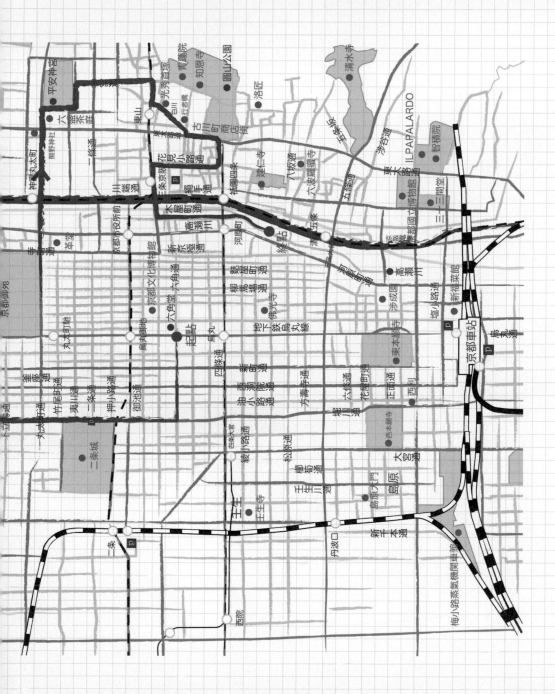

春櫻路線

春城無處不飛花，櫻花盛開的京都是世界上最美麗的城市，造就京都成為櫻之名所的是它的地理環境，盆地地形讓京都的溫度溼度接近山裡，讓本該長在山上的櫻花得以在此茁壯絢爛。先天的條件之外，京都的那些古蹟名庭、歷史傳說，讓這櫻花美景更加深奧耐看，引人不辭萬里而來。輕花飛舞的千年古城，是多少人一生的嚮往，無論是獨占春神眷顧的單株名櫻，或是壯觀成林的櫻花雲霧，任何一種櫻花景致都可以在這座城市中尋見。

這條賞櫻路線，幾乎集中在京都中腹，騎來不算太累。當然，不只這些寺社景點，探出人家牆頭的庭花也好，街角公園的植木也好，途中逢花隨性而停，不疾不徐地迂迴漫遊，才是這座櫻花城市的賞花之道。

總距離：約22公里
難度：★★☆

路線：

六角堂 —(4.8km)→ 千本釋迦堂 —(0.8km)→ 平野神社 —(4.5km)→ 半木之道 —(1.3km)→

上賀茂神社 —(4.8km)→ 京都御苑 —(2.2km)→ 平安神宮 —(1.6km)→ 圓山公園 —(0.8km)→ 高瀨川

在六角堂，呈六角形的，不只有本堂和臍石，
就連撐住這株御幸櫻的傘狀支架也是六角形

六角堂

六角堂的『御幸櫻』是每年京都最早開的櫻花之一，淡粉
紅的顏色相當夢幻，據說還會因日照而改變顏色。粉紅色
的垂櫻，配上堂前的綠色細柳，雖然周圍都是大樓、附近
即是鬧街，卻讓人有身處夢中的錯覺。

開放時間：6:00~17:00
費用：境內免費

千本釋迦堂

說到『千本釋迦堂』，就不能不提到一名叫做阿龜的女
子，當初建造千本釋迦堂的本堂時，木工不小心將其中
一根樑柱弄得太短，在不知該如何是好之際，木工的妻
子阿龜提出把其他所有的樑柱都一起削短的方法，總算
把難題給解決了，可是為了不讓丈夫受人嘲笑，本堂一
建完，阿龜也自殺了。

現在千本釋迦堂的本堂，是京都市內現存最古老的寺院
本堂，寺境一角置有一座紀念阿龜的『阿龜塚』。一到
春天，最引人注目的就是本堂前那株『阿龜
櫻』，有如瀑布一般垂地的櫻枝細條綴滿了無
數的細小花朵，美不勝收。

阿龜塚

開放時間：9:00~17:00
費用：境內免費（本堂 & 靈寶殿：￥600）

御守

平野神社

在不算特別廣大的神社境內擁有五百株以上的櫻樹，是京都有名的賞櫻地，櫻樹數量不但是京都數一數二，更有許多品種珍貴的櫻樹，堪稱是櫻花博物館，從三月中旬到四月中旬都能看見綻開的櫻花。門前華麗的粉紅枝垂櫻『魁櫻』，社殿後潔白勝雪的『白雲』，還有櫻苑內幾要遮天的吉野櫻花林，每年都吸引了大批的賞花客。

開放時間：6:00~17:00（櫻花季到 22:00）
費用：免費參觀

門前的『魁櫻』

半木之道

位在出雲橋與北大路橋之間的賀茂川左岸上方的『半木之道』，沿道種滿了紅色的枝垂櫻，這是明治年間師範學校所推動的賀茂川美化運動的一部份。春天時分，不論是走在櫻樹正下方或散步在川旁，都是一種極致的享受。要注意的是半木之道正下方只供步行，腳踏車需騎在旁邊的腳踏車專用道。

開放時間：自由參觀

上賀茂神社

穿過一之鳥居後，首先進入眼簾的是豪華的枝垂櫻『齋王櫻』。古代宮中會送出未婚的皇女，前往上賀茂神社侍奉神明，現在每年五月所舉行的葵祭便是重現當時的送行隊伍。從『齋王櫻』再往前一些，還有一株『御所櫻』，是明治6年孝明天皇所下賜。不過齋王櫻、御所櫻兩株櫻樹的開花期並不一致，無法看到它們同時盛開的景象。再往前，二之鳥居旁是一株較小的枝垂櫻『風流櫻』。到了本殿，立砂背後有白、紅兩株櫻，白的是『御幸櫻』，深紅的『御阿禮櫻』因為被JR東海拿來做宣傳海報而聲名大噪。

開放時間：5:30~17:00（樓門內 8:30~16:00、本殿權殿 10:00~16:00）
費用：免費（本殿權殿￥500）

為紅色樓門增添色
彩的是『賀茂櫻』

Topic そうだ 京都、行こう。

『そうだ 京都、行こう。』（走吧，來去京都。）
是日本鐵道公司 JR 東海為了讓客人積極利用 JR 東海道新
幹線的系列廣告，一開始是為了配合平安京建都一千兩百
年所推出的宣傳活動，以京都的寺院神社為主題，傑出的
攝影手法與感性的旁白，喚起人們『是啊，該去京都了』
的意識，推出後大受好評，從 1993
年一直延續至今，每年逐季更新。

　　　　每季的『そうだ 京都、行こう。』僅聚焦一個景點，有
時是世界遺產級的觀光名所，有時是地處偏僻的社寺，只要是
當季廣告主角的景點，那一年一定會湧入大批人潮，因此也讓
京都迷們既愛且恨，害怕自己喜愛的秘密場所被 JR 東海挑上，
失去原本的清幽。

京都御苑

御苑內的櫻樹多達千株，是京都最受歡迎的賞櫻地點之一。已
經成為國民公園的御苑，過去曾有不少公家宅邸，如今只剩下
標示性質的石碑，御苑西北邊的『近衛邸跡』，這裡的枝垂櫻
最為可觀。除了這一帶，中立売御門附近有一株『車還櫻』，
跟清水寺地主神社的地主櫻屬於同一品種。若是計畫參訪御所
皇宮或是遇上御所春季特別公開的日子，還可以一窺御所內紫
宸殿前方的『左近之櫻』。
開放時間：自由參觀

近衛邸跡一帶

平安神宮

『要論賞花，就得數這裡的紅枝垂櫻，此外再沒什麼地方可看的了』，這是川端康成透過筆下小說《古都》的女主角對平安神宮的櫻花美景發出的讚嘆。廣達一萬坪的神宮內有枝垂櫻、吉野櫻、山櫻齊放，其中以谷崎潤一郎的作品《細雪》中也有描述過的、西神苑入口處的紅枝垂櫻最為有名。

開放時間（境內）：6:00~18:00（3/15~9/30）、6:00~17:30（3/1~3/14、10月）、6:00~17:00（11月~2月）
開放時間（神苑）：8:30~17:30（3/15~9/30）、8:30~17:00（3/1~3/14、10月）、8:30~16:30（11月~2月）
費用：免費參觀（神苑：￥600）

圓山公園

園內遍處櫻花，特別是公園中央的一株大枝垂櫻，可說是圓山公園的象徵，更有京都第一名櫻之稱，花開時候，圍繞著這棵名櫻的快門聲總是不絕於耳。圓山公園是賞夜櫻的名所，每到夜晚，公園內總是坐滿了飲酒作樂的賞花客，熱鬧無比。

開放時間：自由參觀

花季的夜晚許多人為它的魔性著迷

高瀨川

『高瀨川』是江戶初期由角倉了以、素庵父子所開鑿，連結京都中心與伏見的運河。其中三条通到四条通之間料理店連立，從以前就是京都的歡樂街，幕末時期在這裡喝酒誤了大事的英雄不少。春天時，沿岸櫻花綻放，白天夜晚呈現迥然不同的風情，賞花客絡繹於途，四条到五条間人煙較少，能以更悠然的心情欣賞春櫻美景。

開放時間：自由參觀

親子路線

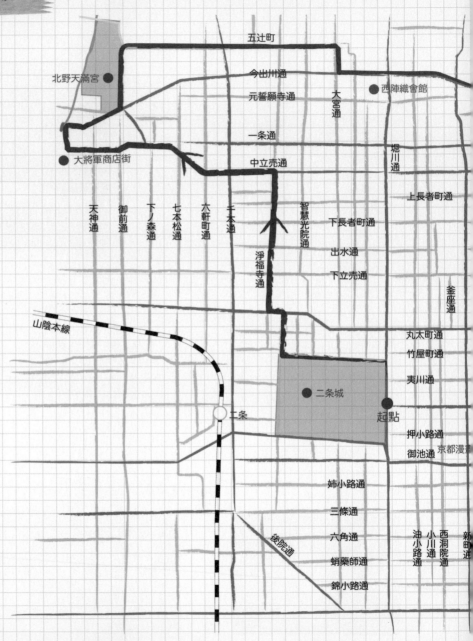

五辻町

今出川通

元誓願寺通

一条通

中立売通

北野天滿宮

西陣織會館

大宮通

大將軍商店街

堀川通

上長者町通

天神通
御前通
下ノ森通
七本松通
六軒町通
千本通

智慧光院通
淨福寺通

下長者町通

出水通

下立売通

釜座通

山陰本線

丸太町通
竹屋町通

夷川通

二条城

起點

二条

押小路通

御池通 京都漫畫

姉小路通

三條通

六角通

蛸藥師通

錦小路通

後院通

油小路通
小川通
西洞院通
新町通

京都脚踏車旅行

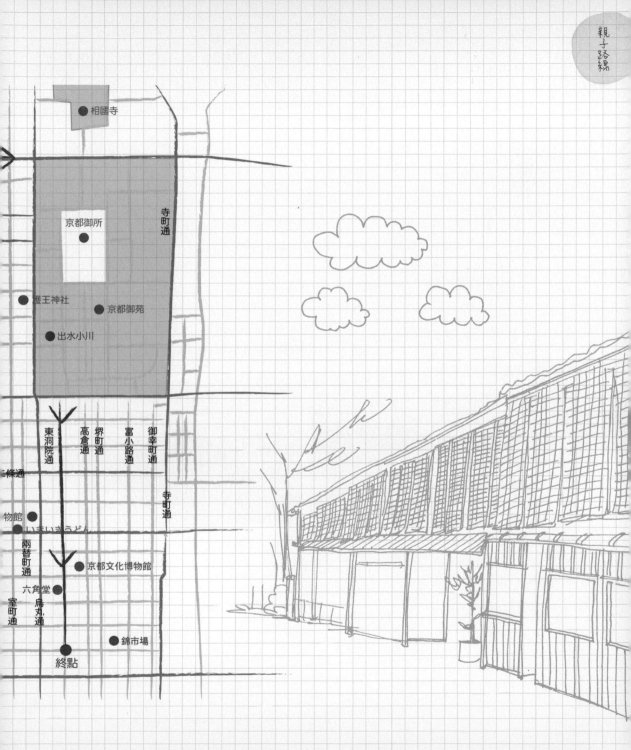

相國寺

京都御所

寺町通

護王神社

京都御苑

出水小川

東洞院通

高倉通

堺町通

富小路通

御幸町通

寺町通

二條通

物館

いまいきうどん

兩替町通

京都文化博物館

六角堂

室町通

烏丸通

錦市場

終點

親子路線

　　充滿成熟魅力的京都不只適合大人，也有許多適合親子同遊的景點。京都一千兩百年歷史中唯一的城堡『二条城』，是日本歷史的大舞台；奉祀著日本第一的學問之神的『北野天滿宮』，除了能向神明祈求學業進步、保佑考試順利外，每個月 25 日的市集『天神市』也很值得特地走上一趟。從北野天滿宮稍微往南，則是別名為『妖怪街』的『大將軍商店街』，商店前逗趣的妖怪人形讓人忍不住會心一笑。沿著一条通東行抵達御苑，這裡是不分老少都喜愛不已的綠色公園，春天賞櫻、夏日戲水，看楓看雪，四季兼宜。繼續南下，則有不管是大人或是小孩都會興奮起來的漫畫博物館與錦市場，在這裡好好地放鬆，為一天行程畫下完美的句點。

出水小川

二条城

路線：

二条城 ——3.0km→ 大將軍商店街 ——0.3km→ 北野天滿宮 ——4.1km→

御苑出水小川 ——1.3km→ 京都國際漫畫博物館 ——1.0km→ 錦市場

總距離：約 10 公里
難度：★☆☆

二条城

世界遺產的『二条城』，是德川幕府在京都的居所，也是德川家最後的將軍德川慶喜提出大政奉還的歷史大舞台。二条城內以國寶『二之丸御殿』最有看頭，由豪華的六大建物構成，充分表現出桃山文化的美術特徵。二之丸御殿前的『二之丸御殿庭園』，別名『八陣之庭』，是名造園師小堀遠州的代表作，流水奇石，春天群櫻盛開，總是遊客如織。

開放時間：8:45~17:00（最後入城時間：16:00）
休城日：12月、1月、7月、8月的星期二（遇國定假日則隔日休），止月過年。
費用：￥600

大將軍商店街

以『大將軍八神社』為中心的『大將軍商店街』，因為店家們會在店門前擺置妖怪人形，而被戲稱為『妖怪街』。在古時候鍋子、茶壺、雨傘等化成被稱為『付喪神』的妖怪，每天晚上進行遊行，這裡便是當時百鬼夜行的經過路線。這些由商家們自己製作而成的付喪神妖怪人形，完全不恐怖，反而引人發噱。

大將軍八神社

御苑出水小川

位在御苑西南角的『出水小川』，是一條長約100公尺、深20公分的人工小河，原是御苑為了萬一火災發生時所預備的水路。每到夏天，大人小孩都會被這茂密綠意間的淺流吸引過來，是御苑裡頭最有人氣的一角。

開放時間：自由參觀

京都國際漫畫博物館

前身是龍池小學，1995 年廢校後，2006 年底以漫畫博物館之姿重生，原本學校應該是禁止帶漫畫的，如今卻一轉成為漫畫天國！館內藏書從早年的漫畫到現在的人氣作品，共約 30 萬冊，還在陸續增加當中，除了漫畫的展閱外，也時常舉辦動漫畫相關的特展。在這間博物館，閱讀藏書的方式沒有限制，可以盤坐在木地板上看，或是乾脆拿到操場的草皮上躺著看，隨君喜歡。

開館時間：10:00~18:00（最後入館：17:30）
休館日：星期三（遇國定假日則改隔日）
門票：￥800（當天不限次數進出）

いきいきうどん

採自助式取餐，提供便宜美味的讚岐烏龍麵，麵條每天從四國的丸龜本店新鮮直送，有別於柔軟的京都烏龍麵，這裡的烏龍麵 Q 彈有嚼勁。來碗現煮烏龍麵（かけうどん），清湯、蔥花、炸麵衣全都隨自己意思加，小碗￥260、中碗￥360，就算豪氣地多挾幾樣誘人小菜，也絕對在千円以下。

營業時間：10:00~21:00
公休日：正月過年

錦市場推薦美食

京都豆腐老鋪『京豆腐藤野』直營，以現炸的豆腐甜甜圈與豆腐霜淇淋最受歡迎。豆腐甜甜圈十個￥300、豆腐霜淇淋￥300。

營業時間：10:00~18:00　公休日：無

こんなもんじゃ

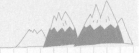

麩嘉錦店

京麩老鋪『麩嘉』在錦市場的分店。
最受歡迎的麩饅頭￥227，常常不到傍晚就銷售一空。
營業時間：9:30~18:00（星期三到17:30）
公休日：星期一，1月~8月的最後一個星期日

井上佃煮店

運用當季食材做出美味的家常外帶料理，種類超多，創新口味的可樂餅也很受歡迎。
營業時間：9:00~18:00
公休日：星期三、每月第一個與第三個星期日

中央米穀

米舖，販賣的米糧全都經過店家精選，想要驗證？買一個飯糰當場吃看看就知道了！雜糧飯糰、梅子飯糰￥160。
營業時間：9:30~18:00
公休日：無

丸龜

一片一片現場手作的美味甜不辣。口味眾多，隨季節更動。
營業時間：8:00~17:30
公休日：星期四

池鶴果寶

錦市場中唯一的水果店。提供現搾果汁，￥300起。
營業時間：9:00~18:30
公休日：星期三

田中雞卵

以嚴選食材精心製作的日式蛋捲非常美味。店前的櫃台經常呈現銷售一空的狀態。
營業時間：9:00~18:00
公休日：正月過年

京都市集

古董市

東寺弘法市

起自江戶時代，在空海也就是弘法大師的忌日 21 日所舉行的市集，規模盛大，攤販數上千，古董、盆栽、生活雜物各種攤位都有，一月、十二月的弘法市更是盛況驚人，被稱為『初弘法』、『終弘法』。
時間：每月 21 日早上 ~16:00（會隨季節變更）
地點：東寺
規模：大 ●

北野天滿宮天神市

與東寺的弘法市並列京都兩大市集，每逢每月 25 號參道上攤販林立，訪客絡繹不絕，每年年頭、年尾的『初天神』、『終天神』特別盛大。
時間：每月 25 日早上 ~16:00（會隨季節變更）
地點：北野天滿宮
規模：大 ●

東寺ガラクタ市

弘法市之外的東寺另一個市集。
時間：每月第一個星期日早上 ~ 日落
地點：東寺
規模：大 ●

下鴨納涼古本祭

陶器市

五条陶器祭

時間：8 月中旬 9:00~22:00
地點：五条坂（五条通川端通~東大路通之間）
規模：大 ●

陶器供養法要 & 陶器市（西陣陶器祭）

時間：7 月上旬 10:00~20:00
地點：千本釋迦堂
規模：中 ●

百萬遍知恩寺秋季古本祭

古書市

下鴨納涼古本祭

時間：8 月中旬 10:00~17:30
地點：下鴨神社
規模：中 ●

百萬遍知恩寺秋季古本祭

時間：11 月初 10:00~17:00
地點：知恩寺
規模：中 ●

手作市 & Free Market

百萬遍知恩寺手作市

時間：每月 15 日 8:00~16:00
地點：知恩寺
規模：大 ●

上賀茂手作市

時間：每月第四個星期日
9:00~16:00
地點：上賀茂神社
規模：大 ●

北山Craft Garden手作市

時間：每個月第一個星期日
10:00~16:00（1月、10月除外）
地點：陶板名畫庭
規模：小 ●

梅小路公園手作市

時間：每月第一個星期六
9:00~16:00（一、五月以外）
地點：梅小路公園
規模：大 ●

因幡藥師手作市

時間：每月 8 日 9:00~15:00
地點：因幡藥師
規模：小 ●

大將軍一之市

時間：每個月第一個星期日 9:00~15:00
地點：大將軍八神社
規模：小 ●

平安樂市

時間：每個月第二個星期六 10:00~16:00
地點：岡崎公園
規模：中 ●

豐國おもしろ市

時間：每月 8日、18、28日 10:00~15:00
地點：豐國神社
規模：小 ●

八幡おもしろ市

時間：每星期五 11:00~17:00
地點：御所八幡宮
規模：小 ●

寅市

時間：每月第二個星期日 10:00~16:00
（8月除外）
地點：建仁寺
規模：小 ●

上御靈囀市

時間：每月 18 日 9:00~16:00
（5月除外）
地點：上御靈神社
規模：小 ●

市役所前 Free Market

時間：不一定
地點：京都市役所前廣場
規模：中 ●

Free Market 龜之市

時間：每月第二個星期日
9:00~15:00（雨天則改到第三個
星期日）
地點：松尾大社
規模：中 ●

朝市（農產品早市）

大原朝市

時間：每星期日 6:00~9:00
地點：大原野村町里之駅大原
規模：小 ●

北山朝市

時間：每星期日 8:30~11:30
地點：北山丸太生產協同組合停車場
規模：小 ●

夏日疏水涼風

高原通

田川通

起點
白川今出川

銀閣寺

大文字山

吉田神社

吉田

法然院

哲學の道

よーじやCafe

真如堂

鹿ケ谷

金戒光明寺

鹿ケ谷通

若王子神社

岡崎

宮

永觀堂

京都市動物園

術館

疏水紀念館

南禪寺

無鄰庵

水路閣

裏疏水

蹴上

青蓮院

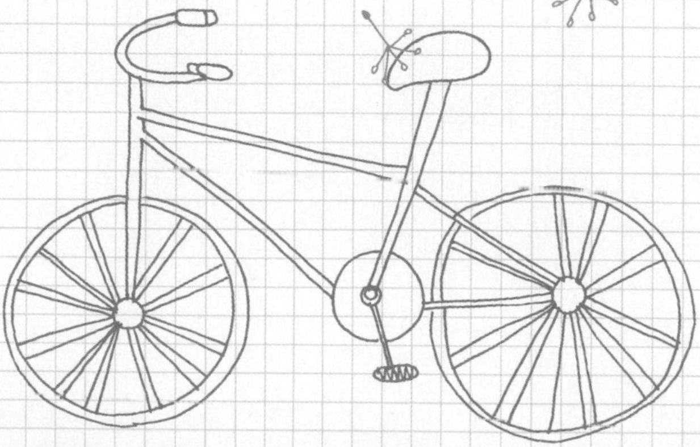

恩寺

山公園

夏日疏水涼風

　　在炎熱的夏日天空下，來一段流水涼風的散步吧！起點是哲學之道，這段從銀閣寺道開始到熊野若王子神社為止長約兩公里的散步道，步道旁的水渠是連結琵琶湖與鴨川之間的琵琶湖疏水的分流。不過在此之前，不妨先從登爬大文字山開始，運動一下讓身體的熱氣隨著汗水排出！

　　到了哲學之道的盡頭，把腳踏車暫時放在南禪寺前的免費停車場，沿著林蔭遮天的裏疏水走上一段，之後轉往平安神宮，這裡有一段白川與琵琶湖疏水合流的共用水路，沿著白川續行，有楊柳搖曳的優雅花街景致，隨後白川流入鴨川，從這裡溯川而上，除了享受涼爽的河風外，也可以在鴨川上的踏石間奔跳玩耍，最後還有時間的話不妨到下鴨神社，再做一次芬多精的沐浴。

在青葉與流水的陪伴下，是夏天趕走酷暑的最好方法

進入南禪寺三門，氣溫馬上降了好幾度

路線：

白川今出川 →(0.8km)→ 法然院 →(2.0km)→ 南禪寺裏疏水 →(0.4km)→ 琵琶湖疏水紀念館

→(0.2km)→ 無鄰庵 →(0.8km)→ 白川 →(1.1km)→ 鴨川 →(3.4km)→ 下鴨神社

總距離：約9公里
難度：★☆☆

大文字山

京都夏夜的代表景色『五山送火』，五山當中只有本名為『如意嶽』的『大文字山』開放給一般人登爬。過銀閣寺門而不入，左轉抵達八神社後再右轉，即是登山口。難以想像遊客熙攘的銀閣寺背後，竟然山林幽深，世界遺產需要森林的守護，森林也因世界遺產受到重視和保護吧！

來回依各人腳力不同約需一個小時，即可到達『大文字送火』的火床處，從山上望出，京都的美麗景色在眼前展開。

開放時間：自由參觀

法然院

稍稍偏離哲學之道，穿過一小段幽靜的樹林，一座茅草屋頂的山門躍入眼前。通過山門後，參道兩側有白砂作出的高台，砂壇代表水，從其間行過，代表身心經過浸洗，以清淨之身入寺。該處原是法然上人與弟子們進行修行的草庵，江戶時代以念佛道場的形式建立了此寺。伽藍內部平時不對外公開，一年中僅在 4 月和 11 月的 1~7 日公開兩次。晚秋時，不算遼闊的寺境內紅葉壓天，引人讚嘆。

開放時間：6:00~16:00
費用：免費參觀

由茅草築葺的山門相當獨特

cafe よーじゃ

以吸油面紙聞名全日本的よーじゃ（優佳雅）所開的品牌咖啡店。銀閣寺店位在哲學之道旁側，以風情滿溢的舊屋宅為店面，從茶席的落地窗望出的庭園景致相當怡人。浮現よーじゃ招牌人臉的卡布奇諾￥670 非常討喜有趣。

營業時間：10:00~18:00（L.O. 17:30）
公休日：無

南禪寺裏疏水

南禪寺最知名的水路閣上方，有一段被喚作『裏疏水』的水道，沿著水道不斷往裡邊走去，越走人聲越靜，森林的芬多精與潺潺流水帶來的高氧讓人心神舒暢。到了尾段，可以看見粗大的導水管與發電廠，穿過那一區後，來到的是『蹴上疏水公園』，公園四周被林木所環繞，立有琵琶湖疏水工程的設計師田邊朔郎的銅像，提出設計案的當時，他年僅二十二歲！回想二十二歲的自己在幹些什麼呢，嘴角不禁浮出苦笑。

開放時間：自由參觀

琵琶湖疏水紀念館

『琵琶湖疏水』是將琵琶湖的淡水送入京都的重要水路，與栃木縣的那須疏水、福島縣安積疏水，並稱日本三大疏水。琵琶湖疏水工程對於京都的現代化有著莫大的貢獻，『琵琶湖疏水紀念館』是為了紀念琵琶湖疏水建設完成一百週年建立的紀念館，館內陳列著當時的各種工程紀錄與計畫概要。

開放時間：9:00~17:00（3月~11月、最後入館到 16:30）、9:00~16:30（12月~2月、最後入館到 16:00）
休館日：星期一（遇國定假日改翌日休）、正月過年
費用：免費參觀

白川

因為川底有白砂映襯，故名『白川』，以知恩院門前與花見小路附近的景致最為經典。白川是鴨川的支流，發源自比叡山與大文字山之間，流經左京區與東山一帶，在南禪寺的西側與琵琶湖疏水短暫合流，然後在五百公尺外的地方分流，之後經過祇園，最後在四条通附近與鴨川合流。

開放時間：自由參觀

無鄰菴

明治時代的名園，出自近代的造庭名師小川治兵衛之手，捨棄傳統的苔，改用草皮來造庭，在當時算是劃時代的做法。

來到此處，會不自覺地想坐在緣廊上任時間靜靜流逝。

開放時間：8:30~17:30（4月~6月、9月~10月）
　　　　　7:30~18:30（7月~8月）
　　　　　7:30~16:30（11月）
　　　　　8:30~17:30（12月~3月）
費用：￥410

下鴨神社

開放時間：6:30~17:00（大炊殿：10:00~16:00）
費用：免費（大炊殿：￥500）

秋賞嵐山嵯峨野

聖護院

平野屋
鳥居本

化野念仏寺
清瀧道

清涼寺

野宮神社

天龍寺

亀山公園
宝巌院

起

大堰川

京都脚踏車旅行

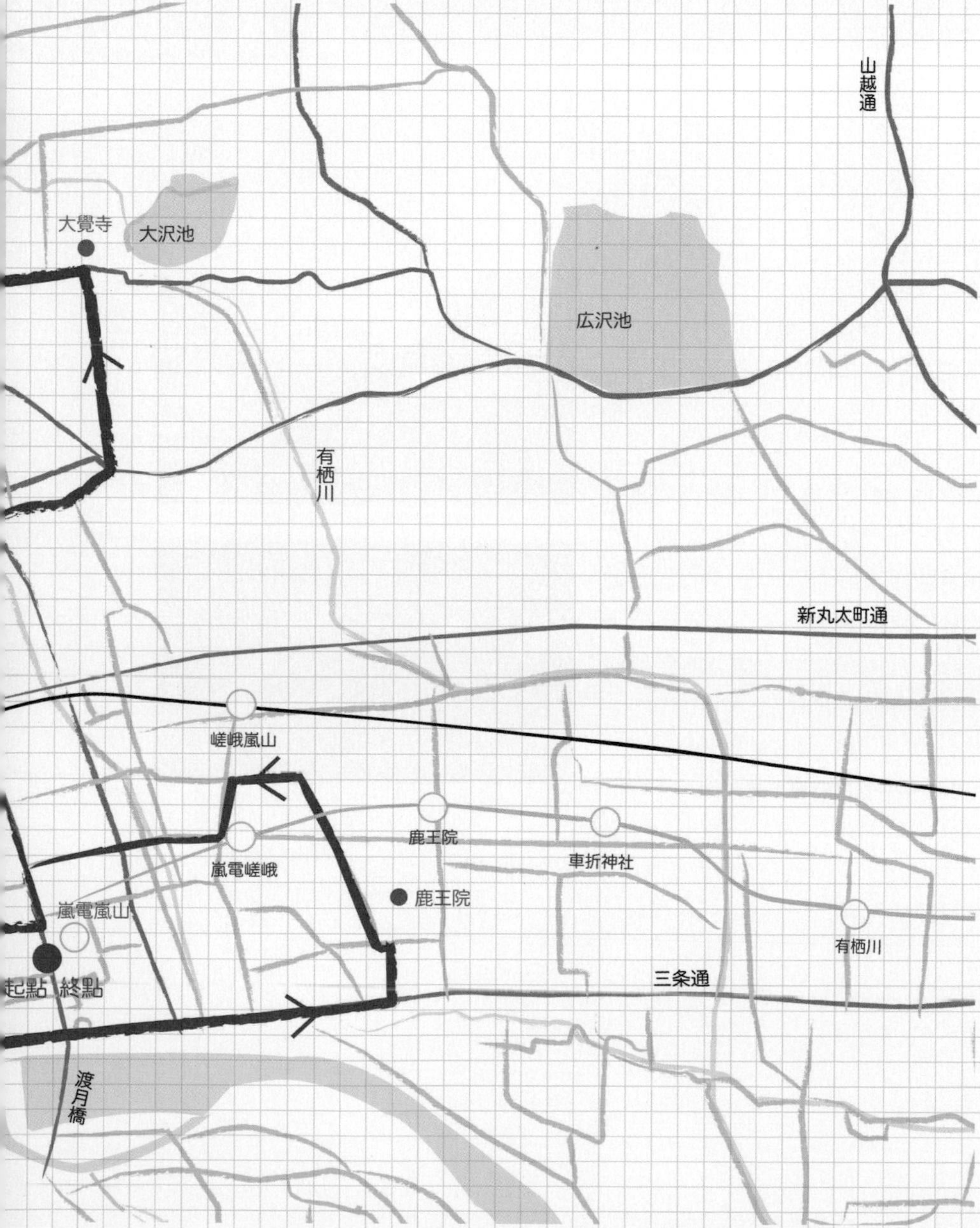

山越通

大覺寺
大沢池
広沢池

有栖川

新丸太町通

嵯峨嵐山

嵐電嵯峨
鹿王院
鹿王院
車折神社

嵐電嵐山
有栖川

起點 終點
三条通

渡月橋

秋賞嵐山嵯峨野

嵐山泛指渡月橋兩側一帶，風光明媚，是來到京都的遊客一定造訪的地方。不過『嵐山』其實是渡月橋以西的一座山頭，高 381.5 公尺，隨四季變換染上不同顏色，自古以來深受文人所歌詠。

茅草屋連立的鳥居本

嵐山以北的嵯峨野區，充滿著隱居避世味道，有恬靜的田園風景與大片的竹林，尤其是擁有傳統屋宇群的鳥居本，深秋的景致讓人屏息。

嵯峨野、嵐山一帶，步行的觀光客非常眾多，特別是鳥居本建築保存地區這一段，不但行人多、又是下坡，需要特別注意速度，必要時牽車前進才是最安全的走法。

到了晚上還可賞夜楓

總距離：約 9 公里
難度：★★☆

路線：

嵐電嵐山站 —1.7km→ 大覺寺 —1.8km→ 鳥居本 —0.3km→ 化野念佛寺 —2.4km→

天龍寺 —0.1km→ 寶嚴院 —0.5km→ 渡月橋 —0.8km→ 鹿王院 —0.9km→ 嵐電嵐山站

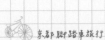

大覺寺

開放時間：9:00~17:00（最後入寺：16:30）
費用：￥500

新綠時的景致十分動人

鳥居本

位在愛宕山山腳，是愛宕街道的一部分。愛宕山頂的愛宕神社是日本擁有八百座分社的愛宕神社總本社，從愛宕神社的紅色大鳥居以下，這一帶有許多保留著昔日原貌的茅草屋頂房宅，是國家級的重要建築物指定保存地區。秋天時紅葉壓頂，搭上茅葺古屋，彷彿畫一般的景色，叫人驚嘆不已。

開放時間：自由參觀

平野屋

位在愛宕神社鳥居下的茶店，古風的茅草屋頂相當醒目，平野屋創業於四百年前的江戶年間，提供當季的山珍，尤以夏天的香魚料理著名，只是一頓下來可不便宜，不過可以選擇坐在店前的長凳，品嘗一下灑上黑砂糖的米製麻糬（志んこ）￥840。

營業時間：11:30~21:00
公休日：無

平野屋

化野念佛寺

這一帶原是亂葬地，空海大師為了安葬這些無名遺骸創建了五智山如來寺，後來變成了法然宗的念佛道場。寺境內有八千尊以上的石佛與石塔，除了日常的唸佛供養外，每年並固定舉行『千燈供養』（8月23、24日），暮色裡石佛石塔前無數燭火搖曳，飄蕩一股凄然之美。

開放時間：9:00~16:30（12月~2月到15:30）
費用：￥500

天龍寺

開放時間：8:30~17:30（10/21~3/20到17:00）
費用：境內免費（庭園￥500、庭園＆大小方丈多寶殿￥800）

染上緋色的曹源池

渡月橋

開放時間：自由參觀

寶嚴院

天龍寺的子院之一，庭園的『獅子吼之庭』自江戶時代起便以名庭廣人所知。只在春秋兩季的特定期間才對外開放的寶嚴院，美苔覆地，楓葉蓋頂，沿著徑道悠遊其間，每一個角度都讓人驚豔。

開放時間：特別拜觀期間 9:00~17:00
費用：￥500

鹿王院

由足利義滿創建的『鹿王院』，被稱為嵯峨的金閣。據說建立的當初，忽然有鹿群出現，故名鹿王院。鹿王院的本尊為運慶所雕造的釋迦如來。鹿王院的庭院是借景嵐山的平庭式枯山水庭園，秋天時庭裡青苔襯托絢爛紅葉，美不勝收，在這裡可以遠離嵐山的喧囂，靜享美景。

開放時間：9:00~17:00
費用：￥400

都七福神巡拝

京都P脚踏車旅行

松崎大黑天

都七福神巡拜

　　所謂的『七福神』指的是惠比須神、大黑天、毘沙門天、弁財天、福祿壽神、壽老人、布袋和尚這七尊神明，是保佑壽福圓滿、商業繁盛、開運招福的神明，是不論在哪一個時代都受到廣大支持的民間信仰。日本全國各地皆有所謂的『七福神巡拜』，巡遊參拜供奉這些福神的社寺，相信這樣可以為自己招來財富與福壽，京都的『都七福神巡拜』就是這樣一條福氣滿點的路線！

　　此次路線集中在京都東側，包括了位在九条的東寺，以及洛北修學院地區的赤山禪院，南北距離大，是以縱走為主的路線，南下北上時建議沿著鴨川河床移動。

　　（都七福神中的萬福寺布袋和尚，因為位在宇治，並未列入此次的行程之中）

總距離：約21 公里
難度：★★★

路線：

東寺（毘沙門天） $\xrightarrow{6.0km}$ 革堂（壽老人） $\xrightarrow{5.8km}$ 松崎大黑天（大黑天）

$\xrightarrow{2.0km}$ 赤山禪院（福祿壽） $\xrightarrow{7.8km}$ 惠比須神社（惠比須） $\xrightarrow{0.5km}$ 六波羅蜜寺（弁財天）

東寺

毘沙門天又叫多聞天，神力強大，能夠趕跑窮神，因此被認為是守護財富的神明。東寺的毘沙門堂位在東寺御影門的南側，不過唐代所作的兜跋毘沙門天像是國寶級的寶物，目前被收在寶物館之中（寶物館僅在特定期間開放）。

開放時間（境內）：5:00~17:00
參觀費用：免費參觀
開放時間（金堂、講堂）：8:30~16:30
參觀費用：￥500

革堂

正式名稱為『行願寺』。本堂的西北側有一座『壽老人神堂』，供奉著桃山時代所作的壽老人神像。如同字面上的意思，壽老人是長壽之神。

開放時間：8:00~16:30
費用：免費參觀

松崎大黑天

正式名稱為『妙円寺』，以『松崎大黑天』的名字廣為人知，供奉的『大黑天』是司掌食物、財運與福氣的神明。每年五山送火中的『妙法』的『法』字就座落在松崎大黑天所位處的松崎山上。

開放時間：9:00~17:00
費用：免費參觀

赤山禪院

鎮守京都表鬼門位置的赤山禪院，本堂的東側有供奉福祿壽神的
福祿壽殿，來此祈求富貴長壽的參拜者不少。

開放時間：9:00~16:30
費用：免費參觀

惠比須神社

保佑商業繁盛的惠比須神是七福神中唯一非由印度或中國傳入，日本的『本土神明』。

每年年初在惠比須神社舉行的『十日ゑびす大祭』（又稱『十日戎』），聚集了來自各地祈求生意興隆的香客們，非常盛大熱鬧。

開放時間：8:30~17:00
費用：免費參觀

六波羅蜜寺

南門旁的辨天堂內奉祀的弁財天是音樂與技藝之神，是七福神中唯一的女神。將帶來的硬幣用辨天堂前的池水清洗，然後帶在身上，會招來財運。

開放時間：8:00~17:00
費用：免費參觀（寶物館：￥600）

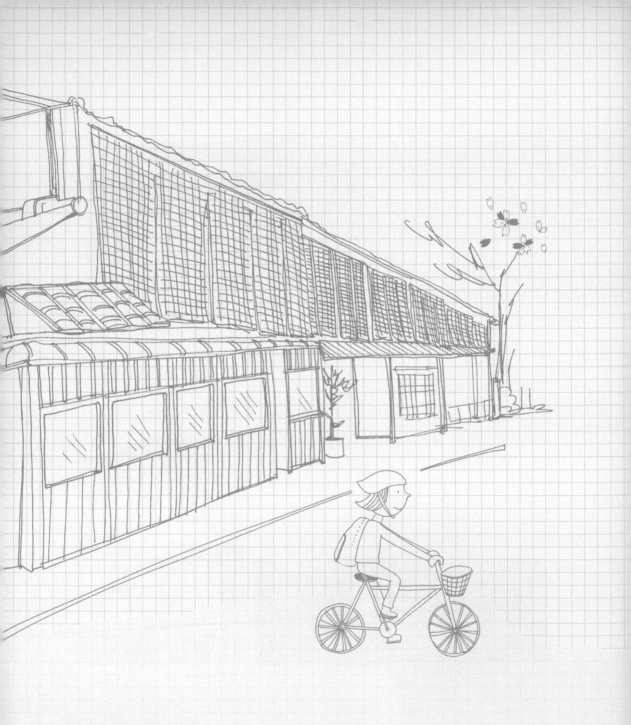

京都腳踏車旅行

Q：京都公車網絡完整，使用￥500 的公車一日券就足以暢遊京都，省錢又省力，為什麼要騎腳踏車呢？

A：沒錯，以公車遊覽京都確實很方便，公車一日券也比腳踏車一天的租金便宜，不過每個人享受旅行的方式跟想要感受的東西不盡相同，腳踏車遊京都的魅力只有親身體驗過才知道！

Q：京都最適合騎腳踏車的範圍？

A：京都市內地形基本上都算平坦，適合騎行腳踏車，只有緊貼山麓的路段，像是東山、衣掛之道、愛宕山腳一帶，起伏比較劇烈。不過也有不少達人偏愛挑戰高難度路線，例如『高雄～清瀧川』、『鞍馬～大原』這類登山路線，騎起來別有一番樂趣。

清水寺

Q：不適合騎腳踏車的區域？

A：清水寺附近的坂道，人潮眾多，坡度陡，不適合騎腳踏車上去，另外四条河原町的繁華街一帶則是禁止騎腳踏車通過。

Q：可以從京都騎到嵐山嗎？會不會很遠？路況如何？

A：從京都車站到嵐山約 12 公里，騎腳踏車前往大概需要一個小時，從烏丸四条或金閣寺出發則是 7 公里，約四、五十分鐘。由京都中心的任一點往嵐山，都算得上平緩、易騎，唯從金閣寺往嵐山呈現起伏較大的降坡。

Q：哪個季節最適合騎腳踏車？哪個季節最不適合？

A：四季皆宜，不過京都夏天酷熱，穿著以透氣舒適為佳，最好再戴上帽子遮一下大太陽免得中暑，冬天則要注意保暖，口罩、毛帽、手套都不可少。春秋季節，觀光熱區人潮眾多，一旦覺得難以通行，就馬上改成牽車前進或改變路線。最需要注意的就是雨天與下雪天了，初心者最好避免在雨天上路。

Q：想要沿著鴨川河邊騎車，要怎麼下去？

A：在橋樑的兩側附近有可騎下河床的坡道，四条大橋以北較多，以南偏少。如果對力氣有自信，也可以直接抬起腳踏車經由階梯下到河床。

Q：有腳踏車 TOUR 可以參加嗎？

A：有的，像 KCTP 就有辦腳踏車 TOUR，由領隊帶團，行程半天到一天不等，詳細可上 KCTP 的網站查看。（http://www.kctp.net/）

Q：在哪租腳踏車？租金算法？

A：京都各區都有腳踏車出租店，詳情請參考【腳踏車出租店】一章。

Q：在哪裡租腳踏車比較合適？

A：京都各區都有腳踏車出租店，可以配合安排的行程選擇最近的腳踏車出租店。有些腳踏車出租店跟飯店旅館有合作，可以向飯店詢問，或是事先向腳踏車出租店預約，請他們將腳踏車配送到住宿的地方，就不用特地去店裡了，不過租金之外要外加配送費用。

Q：一定要原地租原地還嗎？可以不同點還車嗎？

A：如果是採連鎖經營型態的腳踏車出租店，甲店借乙店還應該是 OK 的，不過要在預約或借車的時候，就先告知店家。單店經營的腳踏車出租店就只能原地租、原地還了。另一個方法是選擇有『回收』服務的腳踏車出租店，事先跟腳踏車出租店確認好『回收地點』，就可以把腳踏車留在該處，不用千里迢迢騎回店裡還車。

Q：租借腳踏車一定要先預約嗎？不預約也可以借嗎？

A：腳踏車出租店的腳踏車數量有限，如果要保證能借到車或是借到特定的車款，最好事先預約。不先預約的話也可以借，但當然是要在店家還有車可借的前提下。特別是春秋旺季如果不事先預約，撲空的機率可是很高的啲。

Q：借車時需要押證件嗎？

A：各店情況不一，可能不需要，也可能需要押身分證件或押金，或者是兩者都要，最好先準備，有備無患。

Q：腳踏車車型可以選嗎？有小孩子騎的車嗎？

A：各店情況不一，不過大部份腳踏車出租店都備有複數以上車種，也有提供小孩子騎的車款。

Q：帶著 BABY 也能騎腳踏車遊京都嗎？

A：如果是已經可以自力坐起的小 BABY 的話，可以租借附有幼童座椅的腳踏車。不過不是每家店家都備有幼童座椅，最好事先確認。

Q：可以帶腳踏車搭電車嗎？

A：不建議。日本對於帶腳踏車上大眾交通工具的規定很嚴格，小摺的話不但必須摺好且須放入專用的袋子（『輪行袋』）中才能帶入電車。小摺以外，只有未經安裝、放在箱子的腳踏車才能帶上電車。

Q：腳踏車需要鎖嗎？腳踏車會不會被偷？

A：當然，只要離開車子就必須鎖起來，京都的腳踏車失竊率可不是零。

Q：腳踏車車鎖需自備嗎？

A：不用，出租腳踏車都有附車鎖。腳踏車出租店的腳踏車車鎖大部份都是固定式的，鎖前輪或鎖後輪。

Q：除了腳踏車租金外，會有其他的收費嗎？

A： 除了腳踏車租金外，可能還需要押金，不過押金在還車後就會退回。若是要求額外服務，如『不同點還車』、『配送服務』等等，則會依各項目加收費用。如果逾時還車，則會被加收逾時費，至於腳踏車損壞之類的賠償金，則要看各店規定。

Q：騎腳踏車安不安全？要一直閃人或閃車嗎？會不會很累？

A： 日本的汽車很禮讓行人跟腳踏車，在馬路上只要靠邊騎，基本上是不會有危險的，只是有時公車或計程車為了讓乘客下車會駛近路邊，要特別留意。在人行道上通行的時候，要小心注意行人，不要妨礙步行者的權利。若碰上交通繁忙或是行人眾多的路段，可以考慮改道而行，心情上、體力上都會比較輕鬆。

Q：騎腳踏車有規定要靠某一邊嗎？

A： 靠馬路左邊。腳踏車也是車輛的一種，因此根據日本法規要靠左走，跟台灣相反。

Q：腳踏車可以載人嗎？

A： 不行。除了成人能使用幼童座椅載乘六歲以下幼童外，其他情況下腳踏車不能另外載人。

進入寺廟、神社參觀前，先找地方將腳踏車停妥鎖好

Q：腳踏車可以騎進寺院或神社裡面嗎？

A：寺廟或神社裡面不能騎腳踏車。不過像大德寺、相國寺這種由眾多子院聚集的大寺，牽著腳踏車通過他們的寺境是 OK 的。如果要入內參觀，寺院、神社門口附近通常都有停車的地方，可以將腳踏車停在那裡。

Q：腳踏車到底應該停在哪裡？一定要停收費停車場嗎？

A：原則上只要不是『駐輪禁止』的地域以及任何出入口的正前方，都可以停放腳踏車。不過像市中心的鬧區、車站、地下鐵站附近，幾乎都立有『駐輪禁止』的告示，禁止腳踏車停放，非要在這些地方停車不可的話，可能就必須找停車場了。另外，一般住家、公寓的腳踏車停車場屬於私人停車場，僅供住戶停車，可別停進去了，不然可能會遭到拖吊。

Q：想要在某些地方或景點停下來看看，也沒有問題嗎？會不會逛完出來，車子就被吊走了？

A：只要把車鎖鎖好，不要停在有『駐輪禁止』標示的地方，基本上都很安全。有些景點前面或寺社門口還會特別設置專用的腳踏車停車場（幾乎都是免費的），把腳踏車停在那裡準沒錯。腳踏車的拖吊，基本上以各車站出口附近、四条河原町周邊最為『積極』。

Q：想要逛清水寺一帶，要將腳踏車停在哪裡？

A：清水寺一帶人潮眾多，周圍的二年坂、三年坂又都是陡坡，不建議騎腳踏車上去，可以先在東大路通上找尋合適的停車地點，或是停放在清水道跟五条坂交會處的『清水坂駐輪場』（可使用『京都腳踏車觀光1日駐輪券（京都よくばり自転車観光1日券）』）。

三年坂附近不建議騎腳踏車

Q：腳踏車會被偷嗎？若腳踏車被偷了，該怎麼辦？

A：京都腳踏車的失竊率不是零，但也並不高，只要確實鎖好車，並不容易遭竊。另外，盡量避免將腳踏車留在街頭上一整夜，可以的話最好停在住宿地方的停車場。如果不幸腳踏車遭竊了，只能誠實告知店家，協調後續的處理方法。

Q：會被警察攔車臨檢嗎？這時候該怎麼辦？

A：是有可能的，就算行進時沒有任何的違規舉動，也有可能會被警察攔下來，主要是為了確認你所騎的腳踏車是不是贓車，這時候要鎮定地告訴警察這是從腳踏車出租店租借來的腳踏車，或是住宿旅館所提供的腳踏車，誠實以告即可。

京都腳踏車旅行

Q：騎到一半突然覺得車胎氣不太夠，該怎麼辦？

A：如果只是單純想補車胎的氣加強胎壓，可以就近找家腳踏車店請店氣幫忙充氣或是跟店家借打氣筒，除了腳踏車店，京都不少超市的門口也有提供打氣筒。如果是爆胎或其他突然的故障，可能就得跟原本的腳踏車出租店聯絡，或是找就近的腳踏車店自費修理（依各腳踏車出租店規定不同，腳踏車出租店可能會部分負擔或全額負擔修理費用，記得跟修理的店家索取修理費收據）。

國家圖書館出版品預行編目(CIP)資料

京都腳踏車旅行 / 林幸樺著. -- 三版. -- 新北市
： 木馬文化出版 ： 遠足文化發行, 2017.03
面 ； 公分
ISBN 978-986-359-376-8(平裝)

1.腳踏車旅行 2.日本京都市

731.75219 106002431

京都腳踏車旅行

作　者	林幸樺
總 編 輯	陳郁馨
主　編	李欣蓉
行銷企劃	童敏瑋
社　長	郭重興
發行人兼出版總監	曾大福
出　版	木馬文化事業股份有限公司
發　行	遠足文化事業股份有限公司
地　址	231台北縣新店市中正路506號4樓
電　話	(02)22181417
傳　真	(02)22188057
Email	service@bookrep.com.tw
郵撥帳號	19588272木馬文化事業股份有限公司
客服專線	0800221029
法律顧問	華陽國際專利商標事務所　蘇文生律師
印　刷	成陽印刷股份有限公司
三　版	2017年4月
定　價	定價：340元

Note:

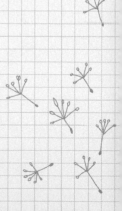